읽을 수록 행복해지는 이 책을

___________ 님께 드립니다.

웃음퍼포먼스

평범한 일상을 웃음으로 채우는 행복의 기술

웃음퍼포먼스

곽동근 지음

하나님이 선택한 가나안 땅, **예루살렘**은 이스라엘 백성들이 이미(already) 민족 공동체를 이뤘고, 하나님의 신, 성령께서 임재함으로 **예루살렘**에서 그리스도의 신부로서 지금(here) 교회공동체로 일하며, 하나님의 백성들이 귀향할 새 예루살렘인 하늘나라에서나중(not yet) 천국공동체로 완성될 예표적, 삼중적 의미를 나타냅니다. **도서출판 예루살렘**은 이 땅에서 하나님을 사랑하며(Loving) 하나님 말씀대로 순종하며 살기를 원하는 청소년, 성도, 목회자들을 문서로 섬기며(Serving) 이를 위하여 기도하며 정성을 다하여(Working) 모든 사역과 책을 기획, 편집, 출판하고 있습니다.

웃음퍼포먼스

초판 1쇄 인쇄일 2006년 12월 15일 ■ 초판 1쇄 발행일 2006년 12월 25일

지은이 곽동근 ■ 펴낸이 윤희구 ■ 편집 이정혜 ■ 일러스트레이션 김남희
펴낸곳 도서출판 예루살렘 ■ 주소 서울 강남구 논현동 107-38 남광빌딩
전화 (02) 546-8332, 545-0040 ■ Fax (02)545-8493 ■ 등록번호 제16-75호(1980. 5. 24)
홈페이지 www.jerusalempub.com ■ E-mail jeruinfo@hanmail.net
ISBN 89-7210-448-5 03230 책값 9,800원

추천사

사람들은 행복한 성공을 추구한다.

그러면 행복한 성공은 무엇인가?

자신이 진정으로 원하는 것을 위해 일을 하며,

그 일을 위해 지속적으로 개선하고 평생 학습하며,

자기 자신을 사랑하고 좋아하는 자부심 높은 삶을 사는 것이라 생각한다.

15년 동안 함께 캠핑사역, 청소년 리더십, 챌린지 리더십, 액션러닝 강의를 해오면서 지켜본 곽동근 소장의 모습이 그러하다. 웃음을 마음껏 즐기도록 돕는 이 웃음퍼포먼스는 지금까지 곽동근 소장의 모든 일상의 삶들이, 그 열정이 가득 담겨 스며들어 있는 귀한 결정체이다.

가정, 회사, 학교와 교회, 그리고 내가 소속된 조직에서 경우에 맞게 활용된다면 평범한 일상을 웃음으로 가득 채우는 기적같은 열매와 결과들이 만들어질 것이다.

흥미로운 방법들, 전혀 새로운 관점, 우리가 놓치고 지나쳤던 온갖 잡다한 도구들, 창의성, 긴장감과 스트레스 해소, 긍정의 힘을 원하시는 분들에게 일독을 권한다.

이영민 목사 (한국액션러닝센터 소장)

추천사

웃음퍼포먼스 세미나에 참가했던 사람들의 이야기

이 책은 대단한 업적이다. 이제껏 우리 삶 속에 숨어있는 진정한 행복, 웃음에 대해 이런 깊이 있는 그리고 명쾌한 접근은 처음이다. 개인과 조직이 주도적이며 적극적인 태도로 웃음을 접목시킬 수 있는 확실한 방법을 제안한다. 신선한 변화가 필요하다면 더할 나위 없는 흥미로운 관점이 된다.

이미라 (데일 카네기 트레이닝, 펀리더십 트레이너)

곽동근은 자신의 신념과 신앙 그리고 비전으로 웃음을 만들어내는 사람이다. 억지가 아닌 자연스러움으로 보통사람들을 웃음에 한발 더 다가서게 했다. 가장 가까이에서 그와 웃음퍼포먼스를 보는 사람 중 하나로서 그는 진심으로 삶을 즐기며 웃는 사람이라 확신한다. 이 책을 읽고 자극을 받은 사람들이 웃기위해 노력하고 웃음으로 한층 업 그레이드된 삶을 살아 갈수 있을 거라 확신한다.

김주현 소장 (캠핑사역연구소)

신(하나님)이 인간에게 준 커다란 선물이고, 인간만이 누릴 수 있는 특권인 '웃음'을 맘껏 즐기고, 맛볼 수 있도록 웃음전도사(곽동근 소장)가 드디어 그 방법과 그 항해도를 공개하다.

조재현 (에듀트라 컨설팅 대표)

대한민국 최고의 웃음 퍼포먼스 강사 곽동근 소장은 나에게 가장 유쾌하고, 밝은 영향을 준 분이다. 그와 잠시만 함께 있어도 가슴 따뜻함과 행복, 웃음에 흠뻑 빠질 수 있기 때문이다. 이제 곽동근 소장은 이 책으로 우리에게 행복한 영향력을 급속히 퍼트릴 것이다.

박철홍 (드림컨설턴트)

웃음요리사 곽동근 소장을 만나면 뽀얀 진국 설렁탕처럼 웃을수록 우러나오는 행복을 맛볼 수 있다. 그 웃음이 너무 맛있어 감사하고, 누구에게나 추천하고 싶은 맛있는 웃음 퍼포먼스! 아~~~ 정말 행복하다.

신경민 주임 (삼성화재 교육담당)

'곽동근 소장' 그는 사람을 편안하게 웃을 수 있도록 하는 사람이다. 그의 웃음은 창의적이고 순수하다. 함께하다 보면 저절로 행복의 늪에 빠진다. 욕심없이 나누려는 그 마음에 따라 표정으로 동작으로 소리로 인생을 노래하고 춤추게 한다. 곽동근 소장! 그는 사람을 끌리게 한다. 퍼포먼스로, 책으로 우리를 행복하게 할 줄 아는 사람이다.

김규순 원장 (됨 연구소)

책을 읽으면서 저자의 교육에 직접 참여한 것 같은 현장감이 느껴져 왔다. 오랫동안 저자가 현장에서 강의한 내용을 이번에 책으로 엮어내어 진솔함과 땀이 묻어 있다. 교육 관심이 있는 모든 분께 추천한다.

강진영 본부장 ((주)우리상조개발)

혼자놀기를 하지 못하는 사람들은 함께 놀지도 못한다고 한다. 그래서 현대인들이 외롭다고 했던가! 하루 종일 웃음퍼포먼스를 읽고, 배우면서 혼자서도 얼마든지 즐거울 수 있다는 자신감을 얻었다. 웃음에 대한 얼렁뚱땅 이론이 아니라 실제적으로 적용하고 행복할 수 있는 웃음과 행복테크닉 백과사전! 얼마나 기다렸던가! 행복하고자 하는 분, 웃고자 하는 분, 나아가 가족과 직장을 웃음바다로 만들고 싶은 분, 모두에게 추천한다. 어디서도 채우지 못한 웃음과 행복의 단비를 흠뻑 맞을 수 있을 것이다.

최규상 (한국유머전략연구소 소장)

책앞에 꼭 하고 싶은 말

"웃음 퍼포먼스요? 그게 웃음 치료와 뭐가 다른가요?"

이러한 질문을 받으면 이렇게 이야기합니다.

요즘 웃음이 좋다는 이야기는 책이나 인터넷 그리고 방송이 날마다 다루고 있기 때문에 잘 아실 겁니다.

그러나 웃음은 지식이 중요한 게 아닙니다. 실제로 얼마나 웃느냐가 중요하죠. 웃음치료든 웃음퍼포먼스든 실제로 웃는 것을 다룹니다.

웃음치료에서는 우리가 진짜로 웃던 가짜로 웃던 그 효과는 같다고 이야기합니다. 우리의 뇌는 진짜와 가짜를 구별 못하기 때문에 그것이 맞는 이야기지요.

하지만 사람들이 많이 모인 곳에서 가짜로, 억지로 웃으라고 하면 거부감을 가지는 사람들을 많이 봅니다. 분위기상 웃기는 웃는데 머릿속으로는 '이거 뭐야? 이상한 곳에 온 것 같아?' 등…. 다양한 생각을 하기 때문에 웃는 표정이 어색해지고 효과는 그다지 좋지 못합니다.

웃음 퍼포먼스는 건강은 기본이고 성공하는 사람들이, 그리고 행복하고자 하는 사람들이 가져야 할 웃음을, **어떻게 하면 자연스럽게 웃을 수 있는지**를 알려드립니다.

웃음 퍼포먼스라는 이름으로 많은 기업과 교회, 병원 등 여러 단체에 전달되었고, 회사에서 아침 조회 때나 중요한 회의 전에, 공동체 모임을 더욱 유쾌하게 만들기 위한 즐거운 아이디어로 많은 사람들과 웃음을 나누었습니다.

함께 제공되는 웃음키워드를 통해 웃음 유발 요인을 찾고 웃음이 묻어나는 삶의 지혜를 배우며, 다양한 퍼포먼스꺼리를 통하여 자연스럽게 혼자 웃기, 함께 웃기, 살짝 미소 짓기, 배꼽잡고 웃기, 가만히 웃기, 돌아다니며 웃기, 뒤집어지며 웃기 등의 행복한 시간을 만들어 줄 것입니다.

웃음퍼포먼스는 웃음을 제공하는 도구일 뿐입니다. 퍼포먼스 진행 중에 나오는 **자연스런 웃음을 즐기십시오.**

웃음 가득한 우리의 시간들로 인해 가정, 기업, 교회, 그리고 우리가 속한 모든 곳이 행복 에너지 발전소가 되기를 기도합니다.

무차별 미소기 & 감사

죽음을 앞둔 환자에게 행복한 웃음을 안겨주는 들꽃진료소의 의사 도구나가 스스무는 생후 3-4개월경의 아이가 어떤 사람을 보거나 누구에게 안기더라도 생글생글 웃는데, 그 시기를 '무차별 미소기' 라 칭했습니다.

이 책을 쓰며, 웃음 퍼포먼스를 강의하는 동안 참 많이 웃었습니다. 제2의 무차별 미소기를 경험하고 있는 듯합니다.

감사는 저를 웃게 합니다.

이 책을 쓰는 내내 끊임없이 떠오르는 아이디어들을 주신 웃음의 원천 하나님께 감사합니다. 그리고 행복의 이유요, 가장 많이 웃을 수 있게 해주는 사랑하는 아내 은진씨와 나의 웃음 선생님이자 나를 닮은 어여쁜 딸(닮았는데 정말 예쁘답니다) 연우에게 감사와 사랑을 전합니다.

그리고 이 책이 완성될 수 있도록 날마다 "전문가의 흔적을 남기라" 며 채찍질(?) 하신 스승 이영민 목사님과 새로운 웃음퍼포먼스가 만들어질 때마다 첫번째 체험자가 되어주는 사랑하는 동료 김주현 소장에게도 큰 감사를 드립니다.

주의사항

이 책은 웃음에 관한 책입니다. 주위에서 보면 웃음 관련 책을 인상 쓰며 읽고 있는 사람들을 많이 봅니다. 웃음이 좋다는 것을 과학적으로 검증하는 과학자들도 연구실에서 무표정한 얼굴로 웃음이 좋다고 발표하는 참 희안한 모습을 볼 때가 있습니다. 웃음이 좋다는 말을 들은 회사 CEO들도 근엄한 얼굴로 직원들에게 웃으라고 말을 합니다. 갑자기 목장갑을 끼고 '이건 아니잖아' 를 외치고 싶어지네요.

먼저 웃으십시오.

이 책을 복용(?) 하시기 전과 후에 반드시 15초 이상 웃으시길 부탁드립니다.

웃음 퍼포먼스를 통하여 **자주 그리고 많이** 웃어 성공하는 삶을 사시길 기대합니다.

웃음을 부르는 남자 곽동근

차 례

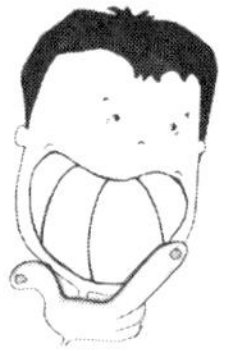

두번째 나눔 웃음퍼포먼스 속으로 Go, Go, Go!!!

첫 번째 나눔

웃음을 즐겨라!

우리가 부러워 할 것은 옆집의 새로산 승용차가 아니라 옆집의 행복한 웃음소리이다.

한두 번 쯤 들어보았을 이야기

우리가 한두 번 쯤 들어보았을 이야기가 하나 있다.

우리가 보통 70평생을 산 사람의 시간을 여러 가지로 나누어보면, 70년 중 23년은 자는 시간이다. 그리고 일하는 시간은 26년, 화장실에서 보낸 시간이 3년 반이고, 거울보고 화장하는 시간이 1년 6개월 정도라고 한다.

그리고 무언가를 타고(자동차에서 배, 비행기까지) 평생에 걸쳐 이동하는데 소요되는 시간이 6년이고, TV보는데 7년(TV리모컨 찾는 데는 평생 얼마나 걸릴까?), 약속장소에서 누군가를 기다리며 보내는 시간이 3년이나 된다고 한다.

그러면 우리가 살면서 웃는 시간은 얼마나 될까? 하루에 열 번을 웃는다고 해도 놀라지 말라 40일에 불과하다고 한다.

이러한 이야기를 하는 사람들마다 조금씩은 그 수치가 다르지만, 모두가 하고자 하는 이야기는 같다. 바로, 웃는 시간이 너무 적다는 것이다.

인생의 시간을 합쳐보면 화내는 데도 약 2년 반을 사용한다고 하는 데, 웃는 시간이 왜 고작 40일이라는 말인가?

나는 아니라고? 그럴 수도 있다. 나와 같은 웃음 전문가들의 활동이 많아지면서 매스컴에서도 웃음에 대한 탁월한 효과를 과학적으로 증명하고 있고, 웃음에 관련된 서적도 넘쳐난다. 위에서 언급한 수치에 다소 변화는 있겠지만 어쨌든 더 많이 웃어야 한다.

생각하며 읽는 글 "나는…"

아래의 17개 문항에 대하여 스스로 답을 해보자.

1. 나는 웃음이 건강에 좋다는 사실을 믿는다.
2. 나는 웃음으로 하루를 시작하고 마감한다.
3. 나는 웃는 얼굴이 꽤 괜찮다고 생각한다.
4. 나는 내가 좋다.
5. 나는 늘 감사하는 마음으로 생활한다.
6. 나는 어떠한 상황에서도 웃을 수 있는 여유가 있다.
7. 나는 생각만 해도 나를 흐뭇하게 만드는 친구나 동료가 있다.
8. 나는 혼자 있을 때에도 웃어야지라고 생각하고 웃는다.
9. 나는 평상시 얼굴 표정이 밝은 편이다.
10. 사람들은 나를 보면 웃음이 나고 즐겁다고 말한다.

11. 나는 자신감이 넘치는 사람이다.
12. 나는 웃음으로 스트레스를 무찌른다.
13. 나는 우리 가족이 나로 인해 많이 웃는다고 생각한다.
14. 나는 가족들과 하루 10번 이상 크게 웃는다.
15. 나는 말할 때 늘 웃으며 말하고, 늘 재미있게 말하려고 노력한다.
16. 나는 매사에 긍정적으로 생각하려고 노력한다.
17. 나는 나를 웃게 하는 확실한 목표가 있다.

스스로 "나는…"에 대한 답을 했을 때 당신은 어떤 느낌이 들었는가?

자신감이 넘쳐나 얼굴에 웃음꽃이 가득 피어났는가?

그렇지 않았다 하더라도 이러한 내용에 대해 한 번이라도 진지하게 생각을 해보는 시간이 되었다면 그것만으로도 의미 있는 시간이었을 것이다.

웃음은…

당신은 웃음을 무엇이라 생각하십니까?

웃음은… (나만의 정의를 내려보세요).

예) 영혼의 무한한 에너지, 가장 소중한 표정, 집안의 햇살, 한결같은 활력소, 너는 내 운명

아래 내용은 웃음 퍼포먼스로 만났던 사람들의 이야기이다. 다양한 웃음의 정의들을 보자.

웃음은…

행복의 바이러스, 눈물나는 사랑의 향, 황홀한 삶, 영혼의 무한한 에너지, 생명, 살아있는 것, 자신감, 가장 소중한 표정, 행복의 증거, 기쁨, 집안의 햇살, 사랑의 나눔, 몸과 마음이 편안해지며 기운이 위로 솟구치는 향기, 진정한 행복을 찾는 지름길, 사랑, 내 안의 작은 행복, 한결같은 활력소, 늘 행복을 만들어 주는 제조기, 행복으로 가는 가장 빠른길, 세상을 살아가는 원동력, 영원한 청춘, 이 세상 모든 사람들의 희망, 천국, 세상에서 가장 영향가 있는 비타민, 우리 모두의 빛, 당신의 열정, 힘, 나와 너를 가깝게 해주는 최고의 기술, 긍정적인 나로 만들어 주는 것, 행복하여 나는 소리, 성공한 사람들의 표시, 삶을 살아가는 이유, 당신이 살아있음을 느끼게 하는 것…

웃음의 운동 효과에 대한 말들

“이젠 웃음 운동을 선택할 때이다.”

한바탕 크게 웃어라.
5분 동안 에어로빅 운동을 한 것과 같다.

10초 동안 배꼽을 잡고 웃어라.
3분 동안 힘차게 노를 젓는 것과 같다.

15초 동안 호탕하게 웃어라.
3분 동안 뛰는 것과 같다.

10분 동안 즐겁게 웃어라.
진통제 없이 2시간은 편안히 잘 수 있다.

매일 크게 1분씩 웃으면 8년을 더 젊게 살고,
많이 웃으면 8년을 회춘하며,
한 번 웃는데 약 70만원 어치의 체내 면역성이 생기고,
잠에서 깨자마자 바로 웃으면 보약 10첩의 효과가 있다고 한다.
남과 더불어 웃으면 33배 이상의 효과를 보고,
마음껏 웃고 좋을 때를 생각하며 웃으면 더 더욱 좋다.

잘 웃는 사람이 되는 법

"잘 웃는 사람이 되고 싶으십니까?" 라고 물으면 모두가 큰소리로 "네~" 라고 외친다.

그 표정들은 참 밝다. 모두가 잘 웃는 사람이 되길 원하는데 어떻게 하면 잘 웃는 사람이 될 수 있을까? 그 방법은 아주 간단하다.

첫째, 웃음으로 병을 이겨낸 사람들을 가까이서 보는 것과 둘째, 크게 다치는 것(주의: 뇌를 다쳐야 함- 늘 웃을 수 있음) 그리고 셋째, 이것이 모두에게 적용하기가 가장 좋은 방법인데, 바로 잘 웃는 사람들과 어울리는 것이다.

잘 웃는 사람과 어울리면 잘 웃는 사람이 된다고?

사람은 함께 할 때가 혼자 있을 때 보다 33배가 즐겁다는 연구보고가 있다.

2002년 전 세계를 열광하게 하고 대한민국 국민들을 하나 되어 웃게 했던 월드컵을 떠올려보자. 당시를 생각하면 절로 웃음이 난다.

그러나 잘 생각해보면 우리는 월드컵 경기 경기마다 함께 관전하며 응원했다.아무리 월드컵이라고 해도 혼자 작은 방에서 경기를 볼 때 골 넣는 장면에서의 자신의 반응은 수십 배 달랐을 것이다.

박지성 선수가 절묘한 볼트레핑으로 상대의 다리 사이로 골을 넣는 장면과 안정환 선수의 골든골을 뽑아내는 헤딩슛의 장면을 **혼자** 보면서 너무 흥분하여 방을 뛰어다니며 대~한민국을 외치고, 흥분하며 떠들기 어려웠을 것이다. 아무리 나라도 혼자서 월드컵 골을 넣는 장면에서는 "이야~~~~" 라고 길어야 30초 정도 좋아할라나?

캠핑을 가서 캠프파이어의 장작이 함께 모여있어야 오래도록 뜨겁게 타는 것이다. 장작 한 개로는 캠프파이어를 즐길 수 없다.

진정으로 잘 웃는 사람이 되기 위해서는 나는 잘 웃는 사람이라는 생각을 가지고, 잘 웃는 사람들과 어울려라.

그리고 내가 먼저 잘 웃는 사람이 되어 나와 어울리고 싶은 사람들을 많이 만나기를 바란다.

당신은 참 잘 웃는 사람이다.

잘 웃는 사람과 어울리면 잘 웃는 사람이 될 수 있다.

어떤 사람이 여행 중에 점토를 발견했다.

그런데 그 흙덩어리에서 아주 좋은 향기가 풍겼다.

이상하게 생각한 여행객은 물었다.

"아니 흙에서 어떻게 이런 좋은 향기가 날 수 있나요?"

흙덩이가 대답했다.

"내가 장미꽃과 함께 있었기 때문이지요.

- 우리 서로 행복할 수 있다면 중에서 -

그렇다면 잘 웃는 다는 것은 어떤 것일까?

웃음 퍼포먼스를 시작할 때 사람들에게 늘 묻는 것이 있다.

"사랑은… 하면 무엇이 떠오르시나요?"

사람들은 움직이는 거야!, 돌아오는 거야!, 하나다. 동사다. 등등… 각자의 생각 속에 정의들을 내린다. 그중에는 꼭 '사랑은 눈물의 씨앗' 이라고 말하는 분들이 계신다.

그리고 요즘엔 '아무나 하나' 를 말하는 사람들도 많다. 재밌다. 세대를 알 수 있는 대답이라고 생각한다고 말하면 웃음바다가 된다.

우리는 수많은 시간동안 학습의 울타리 안에 있으면서 사랑에 대한 정의를 한 번도 배워본 적이 없다.

그러니 사랑에 대한 정의를 우리는 다른 것들에서 찾게

되는 것이다.

사람은 학습의 동물이라고 하지 않나? 들은대로 말하게 된다. 예전에는 사랑은 이라고 물으면 눈물의 씨앗이라고 밖에 말을 안 했다.

요즘에는 위에서 언급한대로 움직이는거야, 돌아오는 거야, 동사다, 얄미운 나비인가봐 등 사랑의 정의를 나름대로 많이 들어서 조금은 다양하게 나온다.

사랑에 대한 정의를 제대로 학습하고 느껴보지 않으면 사랑에 대해 말할 때는 항상 들은 것을 말하게 된다.

자- 지금부터 웃어보세요. 준비~ 시작!

… 하하하하하… 푸하하하….

강의장은 이 순간 왠지 어색한 표정과 땀이 난다고 하는 아이콘(-_-;)을 붙여야 할 것 같은 느낌이다.

제대로 웃는 사람들도 있지만, 거의 모두 웃기는 웃는데 모두 머릿속에 이런저런 생각들이 떠다니는 웃음들이다.

"이게 뭐하는 거지?" "언제까지 웃어야 하나? 왜 이렇게 길어?" "제네들은 저게 진짜로 웃는 걸까?" "에라 모르겠다. 필기하는 척이나 하자" 등등…

왜 그럴까?

이유는 간단하다. 우리는 한번도 웃음에 대한 정의를 배워본 적이 없기 때문이다. 웃어보라고 했을 때 자신이 제대로 웃고 있는 건지 모르기 때문인 것이다.

많은 웃음 전문가들이 말한다.

"웃음도 배워야 한다"

제대로 웃는 법, 우리에게 건강을 가져다주는 웃음법, 바로 잘 웃는 방법에 대해 소개한다.

잘 웃는 3, 2, 1 방법

3. 배와 온~몸으로 웃는다.

웃음은 내장을 마사지해 주는 효과가 있다. 크게 그리고 숨이 끊어질 정도로 웃으면 배가 움직이는데, 이때 오장육부가 움직여 내장이 튼튼해지게 된다. 웃음이 바로 '내장 마사지' 역할을 하는 것이다.

2. 길~게 웃는다.

왜 길~게 웃어야 하지?

바로 여기서도 과학이 검증해낸 웃음의 효과가 나오는데 중요한 것은 10초 이상 웃어야 한다는 것이다. 웃음의 효과가 최대로 나타나는 시점이 바로 10~15초 정도다. 15초 이상 웃게 되면 진통작용을 하는 모르핀의 약 200배 효과가 있는 엔돌핀이 폭포수처럼 넘쳐난다. 보통 숨이 끊어질 정도로 끝까지 웃게 되면 정말로 즐거운 웃음이 된다.

길~게 웃자! 당신의 웃는 모습을 모두가 오래도록 지켜볼 수 있게!

1. 크~게 웃는다.

(크~게 웃는다를 꼭 큰소리로 따라 읽어보라.)

예전부터 웃음에 대한 연구는 계속 되어왔는데 증명은 어려워도 웃음이 삶에 미치는 영향력에는 모두 동의를 하고 있었다.

그러나 과학이 발달하면서 웃음의 효과가 실제로 검증이 되고 있다. 과학이 웃음의 영향력을 제대로 검증해주는 것이다.

크게 웃으면 얼굴 광대뼈 주위의 근육을 자극하게 되어 얼굴 근육들이 함께 운동하게 된다.

이때 광대뼈 주위의 혈과 신경은 뇌하수체를 자극해 엔돌핀(내재성endogenous + 몰핀morphine)의 분비를 촉진시킨다. 그래서 크게 웃으면 기분이 좋아지게 된다. 광대뼈의 신경은 심장 위에 있는 흉선을 자극해 면역계의 T임파구를 활성화시켜 면역시스템을 강하게 만들어준다.

'크게 웃자' 이 카피는 로또광고에서만 쓰는 게 아니다. 우리는 우리가 원하는대로 웃을 수 있다. 크~게 웃자! 크게 웃는 웃음이 자연스러운 사람은 잔잔한 미소를 더욱 멋지게 지을 수 있다.

손과 발을 움직이면서 웃으면 웃기가 쉬워 우리의 에너지는 더욱 상승하고, 그 에너지가 우리의 표정을 밝게 해주어 편하게 웃게 한다.

아무런 느낌이 없다가도 박수를 약 5초 동안만 빠르게 많이 치고 나면 우리의 감정이 변하는 것을 느낄 수 있다.

박수만 치는 것이 아니고 소리도 지르고, 머리도 흔들며 5초 박수를 치면 그 느낌은 더욱 다르다. 손뼉을 치며 웃는다는 뜻을 가진 박장대소의 의미가 여기에 있지 않나 생각한다.

사람들은 신나게 웃을 때, 옆 사람을 때리거나 바닥을 때리고, 펄쩍펄쩍 뛰면서 웃는다. 이렇게 온 몸으로 웃을 때 웃음은 전신운동이 되는 것이다.

자, 이제부터는 **크게 웃고, 길게 웃으며 온 몸으로 웃자.**

이것이 바로 당신과 나의 건강하고 행복한 삶을 책임지는 '제대로 잘 웃는 3가지 방법' 이다.

우리를 웃지 않게 하는 것들 VS 우리를 웃게 하는 것들

우리를 웃지 않게 하는 것들

자기 방어

사람은 누구나 이기적이라 자신을 먼저 생각한다고 한다. 나를 보호하기 위해 잔뜩 긴장을 하게 되면 웃을 수 없다.

원망

우리는 자기 자신에 대해, 다른 사람에 대해, 그리고 사회에 대해 끊임없는 원망을 하며 산다.

"난 원래 그래!", "니가 하는 일이 다 그렇지 뭐", "이 썩을 놈의 세상 확 망해버려라."

이런 마음과 웃음은 함께 하지 않는다.

안주지대

"변해야 산다!" 라고 수도 없이 듣는다.

그러나 변하지 않는다. 왜?

지금 이대로가 편하기 때문에, 누가 뭐라고 하는 사람이 없기 때문이다.

그러나 더 나은 쪽으로의 변화를 멈추면 곧바로 웃을 수 있는 인생도 끝난 것이다.

깨어진 인간관계

모두와 사이가 좋지만 딱 한 사람과 관계가 깨어졌다면 아무리 기분 좋은 친구들이 주위에 많이 있어도 그 친구 때문에 기분이 상하고, 껄끄럽고, 자리가 불편해지는 것을 느낀다.

인간관계가 깨지면 바로 웃음이 제일 먼저 떠나간다.

걱정

걱정에 관한 속담만 찾아봐도 수십 가지다.

"내가 걱정해서 해결할 수 있는 문제라면 걱정할 필요가 없고, 걱정한다고 해도 해결할 수 없는 문제라면 걱정해도 소용없다"

"시험 볼 때 모르는 것만 나오면 어떻게 하지?" VS "내가 공부한 곳에서만 다 나오면 어떻게 하지?", "미팅에서 내가 폭탄이 되면 어떻게 하지?" VS "미팅에서 모두 나만 찍으면 친구들한테 미안해서 어떻게 하지?" 중에서 어떤 것이 좋은가?

걱정을 긍정으로 대체하지 않는다면 우리는 웃음 잃은 얼굴로 살아가야 할 것이다.

스트레스

우리를 웃게 하지 않는 국가대표선수! '스트레스'

이 친구랑 친하지 말기 바란다.

나는 물론이거니와 함께 한 사람들에게서 까지 웃음을 빼앗아 가는 웃음 도둑이다.

스트레스를 이기는 강한 빽을 가져라. 바로 미스터 웃음, 미스 웃음이다.

웃을 일이 없기 때문에…

웃지 않는다고 말한다. 그렇다면 웃을 일이란 무엇일까?

코미디 프로를 보는 것? 로또에 1등으로 당첨되는 것?

내가 웃을 일을 스스로 찾지 않는 한 웃을 일이 저절로 "나 여기있어요~" 하며 찾아오지 않는다.

"웃을 일이 있어야 웃죠!" 라는 말을 하는 이상 웃음과 당신은 남남이다.

삶의 재미를 모르기 때문에

먼훗날 아버지가 되어 자식에게 "인생은 이런 것이다."

라고 말해줄 기회가 온다면 "인생은 참으로 재미있고, 신나는 것이다." 라고 말해주고 싶다.

그리고 죽기 전 마지막 말은 꼭 이런 말을 남기고 싶다.

"정말 재미있었다."

자랄 때 웃을 수 없었던 환경 탓만 하며, 사람은 팔자대로 사는 거라 말하며 나머지 삶도 그렇게 한숨만 짓고 살아가겠는가?

삶의 재미를 찾아라. 당신은 웃으며 살기 위해 태어났다.

목표가 없기 때문에…

당신은 아침마다 눈을 뜨는 이유가 있는가? 아니면 눈을 뜨니 그냥 아침이 온 건가?

인생을 사는 뚜렷한 이유가 없다면 하루 하루 그냥 주어졌기 때문에 생존하는 것일뿐 아무런 의미가 없다.

2002년 월드컵 때 온 국민이 그토록 염원했던 16강을 넘고, 8강, 4강까지 갔을 때 우리는 끝없는 기쁨을 느꼈다.

목표는 가진 사람과 이룬 사람을 똑같이 웃게 만드는 힘이 있다.

경제적 여건이 어려워서…

영국의 유명 과학지 뉴사이언티스트지가 조사한 내용에 따르면 핑계일 뿐이다.

99년부터 2년 동안 79개국 사람들에게 "당신은 얼마나 행복하십니까?" 라고 물었는데, 가난에 찌든 아프리카의 나이지리아인들이 '국민으로서' 가장 행복하다고 했다.

개인으로서의 행복함에 대해 물어본 결과도 푸에르토리코, 멕시코가 1, 2위를 차지하였다.

반면 물질적으로 풍요로운 선진국들은 순위가 뒤로 처졌다.

행복이 물질적 풍요와 무관하다는 이런 결과들은 예전부터 다양하게 조사되어왔다.

우리는 부자들을 보고 흔히 잘 사는 사람,

가난한 사람들을 보고는 못 사는 사람이라고 말한다.

이젠 다르게 부르자.

웃으며 사는 사람들은 잘 사는 사람이고,

웃지 않고 사는 사람들은 못 사는 사람이다.

내 말이 맞다!

깨어진 인간관계
자기 방어
원망
경제적 여건
자기비
걱정
원망
웃는 일이 없기 때문
목표가 없기 때문에…

우리를 웃게 하는 것들

맛있는 음식

모든 축하자리에서는 그 자체만으로도 즐거울텐데 음식은 늘 빠지지 않고 함께 한다.

과학이 발달해서 알약처럼 생긴 음식 한 알만 먹으면 한 끼 식사가 완료된다고 해도 사람들은 지금처럼 시간을 내어 요리를 할 것이고, 맛있는 음식점을 찾아 몇 시간이라도 차를 몰고 갈 것이다(분명 난 그럴것이다. 맛집 찾아다니는 친교모임도 할 생각이다).

TV에서도 빠지지 않고 나오는 정보가 맛집과 음식 소개다. 그만큼 맛있는 음식은 우리를 즐겁게 하기 때문이다.

배부르게 식사한 후 포만감에 미소 지으며 "아~ 행복하다"라고 말하는 나는 맛있는 음식을 만날 때마다 웃는다.

칭찬

책이 무지 무지 많은 목사님댁이 이사를 가는 날, 이삿짐 사람들이 오더니 '오늘 잘못 걸렸네' 하며 계속 투덜 거렸다. 게다가 이곳의 견적을 낸 여직원에게 전화하여 이 정도면 견적도 더 내고, 사람을 더 붙여줘야 하지 않냐고 계속 항의를 하였다.

나와 함께 일하는 동료가 다시 짐을 실으러 엘리베이터로 내려가는 대장 아저씨(계속 투덜대던)와 함께 탔다.

"아저씨, 눈이 참 선해 보여요."

이 한마디였다. 그 뒤로 아저씨의 반응이 확연히 달라졌다.

늦은 시간까지 일하시며 일꾼이 2명 더 오고, 책도 다 풀지 못해 박스를 남겨두고 떠나면서 일주일 동안 사용하라고 전동드릴도 빌려주고 가셨다.

"왜 저렇게 투덜거려?" 라고 생각하며 나 역시 속으로 짜증이 나려던 때에 그 칭찬 한마디가 모든 것을 바꾸어 놓았다.

메리케이 화장품의 메리케이 여사는 말한다.

"사람은 누구나 보이지 않는 목걸이 명찰을 하고 다닙니다. 거기에는 '나를 소중한 사람으로 대해주세요.' 라고 써있습니다."

인정

士爲知己者用, 女爲悅己者容

(사위지기자용, 여위열기자용)

쉽게 말해 남자는 자신을 알아주는 사람을 위해 목숨을 바치고, 여인은 자신을 기쁘게 해주는 이를 위해 화장을 한다는 뜻이다.

나를 믿고, 인정해주는 사람이 있어 나는 오늘도 웃는다.

새 옷

"옷이 날개다"라는 말이 괜히 나온 게 아닌 것 같다.

새 옷을 입으면 몸과 마음 상태가 달라지고, 행동도 달라진다.

좋은 옷을 입을수록 더 더욱 그러는 것을 보면

옷은 날개가 맞다.

좋은 옷, 새 옷 입고 많이 많이 웃는 날을 보내자!

선물

누구나 크리스마스 이브에 산타할아버지를 기다린다.

정확히 말하면 산타할아버지가 가져다주시는 선물을 기다린다(만약 산타할아버지가 선물 없이 "얘들아! 나왔다" 하면 반겨줄 아이들이 얼마나 될까?).

선물을 기다리는 아이들이 얼마나 안 잤으면 산타할아버지는 잘 때만 다녀가신다는 이야기를 부모님들이 만들어놓았을까?

다음 날 일어나 머리맡에 놓인 선물을 발견하고 신나게 웃었던 기억이 난다.

그때는 "주는 사람이 더 즐겁다"는 말을 들었어도 아마 이해 못했겠지?

이제는 아이에게 선물을 사주면서 더 큰 기쁨을 얻는다.

선물은 받는 사람이나 주는 사람 모두를 웃게 만드는 특

별한 힘이 있다.

코미디

기성세대들은 TV 뉴스는 많이 보지만, 코미디 프로는 잘 보지 않는다.

뉴스를 보고 종종 웃을 때는 스포츠 뉴스뿐이다.

기획단계부터 당신을 웃게 만들기 위해 탄생하는 코미디 프로를 시청하라.

그리고 유행어 몇 개를 배워 써먹어보라.

바로 활용한 유행어가 가족이나 동료들에게 먹혀 웃음을 준다면 당신은 자신감을 얻게 될 것이다.

자연(산책)

가장 최근에 자연의 소리를 들어 본 적이 언제인가?

자연에는 하나님의 지혜가 가득 담겨있다.

산책을 즐기라.

자연과 만나는 산책은 여유로움을 주어,
실수 없이 인생을 나아가게 만드는
귀중한 시간이 된다.

웃으며 산책하라. 만나는 모두와 친구가 된다.

여행

"열심히 일한 당신 떠나라~"

내 삶의 현장을 떠나보기, 그리고 새로운 에너지를 충만히 받고 컴백하기!

여행은 일상에서 경험하지 못한 것들을 경험하게 만든다.

여행을 통해 얻을 것은 쉼과 회복이다.

여행은 우리의 영혼을 웃게 만든다.

아는 사람

고향사람만 만나도 반갑다. 같은 학교를 졸업한 사람이라면 금새 친해진다.

외국에 나갔을 때 한국 사람만 봐도 기분이 좋다.

사람은 누구나 동질성을 느낀다.

사람들은 같은 생각을 하고, 같은 행동을 하고, 같은 것을 좋아하는 사람과 어울리는 것을 좋아한다.

한동안 연락을 못 나누었던 사람들이 있다면 "연락 안 한지가 얼마나 오래됐는데…" 라고 생각지 말고 지금 바로 연락을 해보자.

수화기에서 들려오는 소리는 분명 반가운 인사와 함께 웃는 소리가 들려 올 것이다.

미남 · 미녀

얼짱, 꽃미남, 꽃미녀, 예쁜 남자 등…

잘 생긴 것에 대해 이야기를 많이 한다.

그렇다면 진정으로 예쁘고 잘생긴 것은 어떤 것일까?

"왜 그런지 나는 몰라. 웃는 여잔 다 예뻐~~"

김성호의 '웃는 여잔 다 예뻐' 라는 노래에 공감한다.

웃어라! 웃는 당신이 제일 이쁘다. 내 눈엔 늘 그렇다.

용서

그 놈이 한 짓을 생각하면…웃을 수 없다.

"죄를 미워하되 사람을 미워하지 말라는 말도 있지 않습니까?"

당신을… 용서합니다.

용서하는 당신은 웃을 수 있다. 편히 잘 수 있다.

추억

지나간 것은 모두 아름답고 즐겁다.

당시에는 무척이나 힘들고, 어려웠던 일들도 돌이켜 생각해보면 즐거운 추억으로 남는다.

추억을 남기자.

일기나 앨범, 컴퓨터나 인터넷 상의 개인 홈페이지 등.

나의 추억은 그 무엇과도 바꿀 수 없는 소중한 웃음 보물이다.

노래

노래방에서 친구들과 음정박자 무시해도 큰소리로 부르면 점수가 높게 나온다고 하여 고래 고래 소리지르며 노래를 부른 적이 있다.

노래를 부를 때는 얼굴표정과 더불어 마음도 웃는다.

주인공들은 모두 자신의 주제곡을 가지고 있다. 당신만의 주제가를 만들라. 하지만의 '굳세어라 내 청춘' 이 나의 주제곡이다.

"한번 더 이렇게 또다시 가슴을 열어라!
나를 나를 일으켜 세울거다.
때론 화려하게 때론 아름답게 내 빛나는 인생아~
널 사랑해~!"

노래는 나를 웃게 하고 강한 힘을 전달해주는 고마운 친구다.

춤

춤을 배워라. 아니, 막춤이어도 상관없다.

몸을 움직인다는 것은 에너지를 사용한다는 것이다.

적절한 에너지 방출이 있어야 사람은 편안해진다.

음악에 맞춰 열정적으로 몸을 흔들다 보면 스트레스는 안녕이다.

춤은 나의 즐거움을 표현하는 것이기도 하지만, 몸을 일단 움직이면 기분과 상관없이 즐거워진다.

하나님

창조주를 안다는 것은 가장 큰 기쁨이다.

나를 지으시고, '보기 좋았더라' 고 말씀하시는 분,

나를 사랑하시는 하나님으로 인해 나는 영~원히 웃을 수 있다.

그리고 … 당신의 미소

아기가 태어나고 5개월이 지났을 때 참 많이 웃는 딸을 서로 안겠다고 아내와 실랑이를 벌이고 있었다. 그런데 딸이 엄마를 보면서는 까르르 환하게 웃는데 내가 '연우야' 부르면 나를 쳐다보지도 않고 고개를 홱 돌리며 웃음을 멈추는 것이다.

다시 엄마가 부르면 까르르르 함께 웃고, 내가 부르면 똑같이 웃음을 멈추고 쳐다도 보지 않았다. 이러기를 일곱 여덟 차례 하는 모습을 영상으로 담았다. 이때는 마냥 재미있었다.

하지만, 사랑하는 사람이 나를 보고 웃지 않는다면 우리는 어떤 마음이 들까?

그리고 나를 보고는 웃지 않는데 다른 사람을 보고 웃는다면 우리 마음은 더 아플 것이다.

당신의 미소가 누군가에게 큰 힘이 된다는 사실을 잊지 말기 바란다.

자, 지금 웃자. 바로 미소향기를 주위 사람들에게 날리자.

웃음 에피소드 1, 2, 3

웃음 에피소드 1. 웃음도 전략이다

차를 타고 가다보면 초보운전이라는 글을 붙인 차들을 종종 만나게 된다.

본인이 직접 종이에 삐뚤빼뚤 적은 글씨를 볼 때도 있고, 시중에서 구입한 예쁜 초보운전 표시를 만날 때도 있다.

초보운전을 만나게 되면 뒤 따라 가지 않고 빠르게 앞질러서 지나가곤 한다.

행여나 초보 티를 팍팍 내며 운전하는 차를 보면 조심조심 지나다녔다.

그런데 "지가 초보걸랑요~!", "초보라 미안합니다", "당신도 처음에는 초보였음을 기억하세요", "장롱서 면허증 방금 꺼내서 나왔습니다" 등 웃음을 유발하는 초보 표시를 만나면 웃음과 함께 여유 있는 운전을 하게하고, 양보까지 해주는 나 자신의 모습을 보곤 했다.

음식점에 갔을 때도 "여기가 엄청나게 맛있기로 소문난 OOO 음식점 맞나요?", "다 맛있어 보이는 것들만 있어서 무얼 시켜야 할지 고민이 되네요.", "여기 2인분 같은 1인분 추가요", "여기 끝내주게 맛있는 깍두기 좀 더 주세요" 라고 하면 주문하는 사람도, 받는 사람도 즐겁고, 더욱 좋은 것은 먹는 장사도 사람이 하는 것이라 나오는 양이 달라지는 것을 볼 수 있다.

영화 "골"에서 주인공 산티아조가 구단 주치의를 찾아 갔다. 간호사가 혈압을 잴 때 산티아조가 "높게 나올지도 몰라요." 라고 말했다. "왜죠?" 간호사가 물었다. "당신이 가까이 있고 향기도 좋으니까요."

이 작은 예들을 통해 보듯이 웃음을 전략적으로 활용한다면 삶에 플러스 요인이 되지 않을까 기대한다. 웃음을 전략적으로 활용하라.

웃음 에피소드 2. 언제나 웃는 자가 승리한다

친한 친구 중에 대형 백화점 식품 코너에서 일했던 친구의 이야기다.

2년을 아르바이트 형식으로 일을 하고 한 달 뒤면 정식직원이 되는 1순위에 있었던 이 친구에게 어처구니 없는 일이 일어났다.

늘 그렇듯이 사람들이 몰려들기 시작한 어느 바쁜 시간에 한 아주머니가 오셔서 생선 한 마리를 구입하고는 머리와 꼬리를 잘라달라고 했다는 것이다.

친절한 미소와 함께 고객의 주문사항을 확인하며 생선의 머리와 꼬리를 자르는 순간, 이 아주머니께서 '아니, 왜 생선을 자르는 거에요?' 라고 말하는 것이 아닌가?

당황한 친구는 '손님께서 잘라 달라고 하셨잖아요?' 라고 말했으나 아니라는 것이다.

당황스러웠지만 친구는 위기를 잘 모면하고 마음의 안정을 빨리 찾고, "그럼 다시 그냥 드리겠습니다." 라고 친절히 말했다는 것이다.

그런데 여기서 생선을 받아서 그냥 갈 것이지 아주머니께서 다시 한마디 하기를 "머리와 꽁지를 잘라줘요" 라고 말했다는 것이다.

친구는 순간적으로 들고 있던 생선을 바닥에 내동댕이치며 "나보고 어떻게 하라구!" 하면서 소리를 질렀고 아주머니는 놀라 당황하며 그냥 가버렸다는 것이다. 그러나 여기서 끝났으면 얼마나 좋았을까? 늘 그렇듯이 우리의 상사들은 이럴 때를 놓치지 않고 뒤돌아보면 등장하여 바로 그 모습 "나보고 어떻게 하라구"를 보고 말았던 것이다.

당연히 이야기 안 해도 알겠지만 정식직원이 되기는 커녕 아예 이 친구는 그 백화점을 그만두게 되었다.

영국 속담에 '마지막에 웃는 사람이 진정한 승자다' 라는 말이있다. 나는 다르게 말하고 싶다. 언제나 웃는 자가 진정한 승자라고…

"삶을 즐겨라" 라는 말을 많이 한다. 매 순간 순간을 웃으며 살 수 있다면, 늘 긍정적인 생각과 태도로 살 수 있다면 그 사람은 분명 그의 인생에 챔피언일 것이다.

다시 한 번 강조하지만 **언제나 웃는 자가 승자다.**

1
2
3

웃음 에피소드 3. 웃는 당신이 이겼다

돌이 지난 딸아이가 이제는 엄마를 볼 때보다 나를 볼 때 더 많이 웃는다. 참 기분이 좋다. 그런데 전에는 그러지 않았다.

내가 안고 있을 때 나를 보면 웃지 않고, 엄마가 '연우야~' 하고 부르면 엄마를 보면서 활짝 웃었다. 그래서 내가 다시 부르면 웃음을 뚝 그치고 엄마가 부르면 고개를 돌려 또다시 활짝 웃는 것이었다. 이 장면을 캠코더에 담아 가끔씩 볼 때면 사랑하는 사람들이 나를 보고 웃어주지 않는다면 얼마나 슬플까 하는 생각이 든다.

강의를 하며 참으로 많은 사람들을 만나게 되는데 웃으며 친절한 태도를 보이는 사람은 외모에 상관없이 항상 좋은 기억으로 남게 된다. 그런데 짧게 만나는 거래처 직원일지라도 그 표정과 태도가 무뚝뚝하면 다른 곳에서 거래를 하고 싶어진다.

자신의 얼굴을 거울로 천천히 들여다보고, 웃으며 들여다보라. 거울은 주인의 표정을 닮는다. 당신의 거울은 웃고 있는 거울인가?

신바람 건강법으로 유명하신 황수관 박사의 웃음은 살인 웃음을 넘어선 경지에 이르렀다.

그러나 그분도 처음부터 그런 웃음의 소유자는 아니었다.

다른 의사들과 함께 세미나를 마치고 돌아오는 버스 안에서 검문소를 지날 때 군인이 버스에 올라타 황수관 박사에게만 신분증을 보여달라고 했다는 것이다.

그것이 몹시 불쾌했던 황수관 박사는 옆에 앉은 동료에게 물어봤더니 거울을 보면 알 거라고 이야기했단다.

집에 돌아와 거울을 본 황수관 박사의 표현에 따르면 완전히 소도둑놈이 거울 속에 있었다는 것이다. 그때부터 시작된 웃음 연습으로 10년 넘게 연습한 것이 바로 지금의 황수관 박사 얼굴이다.

웃는 사람은 왠지 모두 착한 사람같이 느껴진다.

웃는 사람은 밝은 느낌이고 따뜻하고, 친절하며 활기가 넘친다. 그냥 함께 있고 싶다.

어느 한가로운 날 전화가 한 통 왔다. '너희 사무실 근처에 갈 일이 있는데 점심 같이 먹을까?' 라는 친구 A의 말에 "아니 오늘은 다른 약속도 있고, 많이 바빠서 어렵겠는데" 라고 말했다.

보통 날보다 조금 더 바쁜 어느 날 전화가 한 통 왔다. '지금 뭐해? 사무실 근처인데 점심 같이 먹을까?' 나는 '오케이'

라고 말했고 시간을 조정하여 친구 B와 점심을 맛있게 먹었다.

왜 다른 반응을 보였을까? 첫 번째 친구 A는 한가할 때 전화했지만 나는 정중히 거절했다. 그 친구와 통화할 때 떠오른 그 친구의 모습은 평상시 느낌 그대로 나에게 별로 좋지 않은 느낌을 주었기에 점심시간에 불편한 식사를 같이 하고 싶지 않았던 것이다.

그러나 바쁜 날에도 시간을 조정하면서 까지 친구 B와 식사를 했던 것은 전화를 한 그 친구가 참 좋은 느낌, 만나면 즐겁고, 행복함을 주는 친구였기에 오케이 했던 것이다.

당신은 당신의 평상시 표정으로 인해 자신도 모르게 손해나 불이익을 당하고 있지 않는가 잘 생각해보라.

지금 당장 거울을 보고, 표정을 연습하라. 거울은 먼저 웃지 않는다는 말이 있다. 거울 앞에 서서 큰 소리로 외쳐라.

내가 너를 웃는 거울로 만들어줄게.

자, 나와 같이 웃자!

푸하하하하하하!

웃는 당신이 항상 이긴다!

두 번째 나눔

웃음퍼포먼스 속으로

Go, Go, Go!!!

웃지 않고 보낸 하루는 낭비한 것이나 같다. -탈무드-

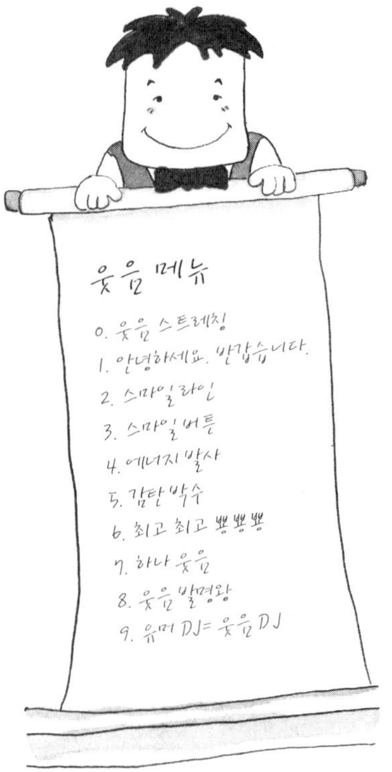
웃음 메뉴
0. 웃음 스트레칭
1. 안녕하세요. 반갑습니다.
2. 스마일라인
3. 스마일버튼
4. 에너지 발사
5. 감탄 박수
6. 최고 최고 뽕뽕뽕
7. 하나 웃음
8. 웃음 발명왕
9. 유머 DJ= 웃음 DJ

웃음 메뉴 (Laughter Menu)

"골라 웃는 재미가 있다."

이제 '뭐하고 놀지?' 가 아니라 '뭐하고 웃지?' 로 말하라.

0. 웃음 스트레칭
1. 안녕하세요. 반갑습니다.
2. 스마일 라인
3. 스마일 버튼
4. 에너지 발사
5. 감탄 박수
6. 최고 최고 뿅뿅뿅
7. 하나 웃음
8. 웃음 발명왕
9. 유머 DJ = 웃음 DJ

10. 마법의 웃음 안경

11. 웃음 사인 - 나의 웃음 생각 묶어두기

12. 눈웃음

13. 337 박수

14. 이랴 - (말타기)

15. 자부심 박수

16. 둘이서 하나 되어 (반짝 반짝)

17. 웃음 림보

18. 핸드롤링

19. 만화영화 주제곡 '스머프'

20. 우하하하 우습다

21. 웃음 망치 '웃음 나와라! 뚝딱'

22. 외침! 이야~아!

23. 거울 놀이

24. 자석 놀이

25. 웃음 마네킹

26. 쥐었다 폈다.

27. 왕자님 공주님 박수

28. 웃음 멜로디

29. 한 글자로 웃어요. 두 글자로 웃어요.

30. 아하! 그렇구나

31. 즐겁게 춤을 추다가 '오~ 베이비'

32. 즐거운 인사
33. 알고 있습니다. 우하하하
34. 자부심 타이어에 바람을 넣자.
35. 파워 퍼포먼스 "나는 행복하다"
36. 1분 나눔
37. 웃음 난타
38. 그룹 파스
39. 웃음 패스
40. 따르릉 "전화 왔습니다."
41. 펜을 입에 물고
42. What? 도대체 무슨 일이…
43. 웃음과 함께 하는 국민체조
44. 추억의 동대문 놀이
45. 이를 닦자!
46. 제자리 뛰기 '런닝 머신 웃음법'
47. 우리 집에 왜 왔니?
48. 괜찮아!
49. 웃음 도미노
50. 난 나나나 ~ 슈와~!
51. 큰소리 인사
52. 나 잘났다. 우하하하
53. 웃음 랭귀지

54. 웃어봐요. 하!

55. 웃음 지휘자

56. 웃음 발차기

57. 손등 터치 - 게임 & 웃퍼

58. 입 꼬리를 올려봐!

59. 두두두두두!!!!! 나는 람보다.

60. 웃어요. 웃어 봐요.

61. 웃음 Q&A

62. 킹 콩

63. 웃음 헬스클럽

64. 단전치기 웃음법

65. 감정 대폭발

66. 기러기처럼 날아라

67. 뽀뽀뽀

68. 골 세레머니

69. 핸드폰 웃음

70. Don' t Worry! Be Happy!

71. 태권 웃음

72. 웃음을 주는 계단 박수

73. 하하 호호 반대로

74. 어깨춤 "칭찬은 고래도 춤추게 한데요"

웃음 메뉴
0. 웃음 스트레칭
1. 안녕하세요. 반갑습니다.
2. 스마일라인
3. 스마일버튼
4. 에너지 발사
5. 감탄박수
6. 최고 최고 뿅뿅뿅
7. 하나 웃음
8. 웃음 발명왕
9. 유머 DJ= 웃음 DJ

Before 웃음퍼포먼스!

웃음에 관한 책들이 얼마나 많은지 아는가? 웃음 치료사, 웃음 전문가들이 또한 얼마나 많이 활동하고 있는지 알고 있는가? 정확한 수치는 몰라도 아무튼 많다.

왜 그럴까? 웃음이 그만큼 좋다는 것과 인기가 있기 때문이라 생각한다. 그래서 그것을 전하고 싶은 사람들이 많은 것이다. (옳소! 옳소!)

모든 분야에서 강의를 하는 사람들이 그렇겠지만 가장 중요한 것은 말한 대로의 삶을 사는 것이다. 그렇게 살려고 애쓰고 노력하는 것이다.

웃음을 전하는 사람들의 가정은 참 밝다. 많이 웃는다. 자녀와 부부가 함께 많이 웃는다. 그래서 참 행복해 보인다.

웃음이 좋다는 내용과 자료는 인터넷에서 '웃음'을 검색해보면 얼마든지 만날 수 있다.

웃음을 검색하다가 정말 많은 자료들로 인해 깜짝 놀랐다. 검색된 내용을 그 자리에서 전부 읽다 하루가 지나버린 적도 있다. **그러나 지식은 우리를 웃게 할 수 없다.**

웃음이 좋다는 이야기는 수도 없이 들었고, 이제는 누구나 알고 있다. 그러나 더 중요한 것은 실제로 **내가 얼마나 잘 웃느냐**하는 것이다.

랄프 왈도 에머슨의 '무엇이 성공인가?' 라는 시를 읽어보자.

무엇이 성공인가?

자주 그리고 많이 웃는 것
현명한 이에게 존경을 받고
아이들에게서 사랑을 받는 것

정직한 비평가의 찬사를 듣고
친구의 배반을 참아내는 것

아름다움을 식별할 줄 알며
다른 사람에게서 최선의 것을 발견하는 것

건강한 아이를 낳든
한 뙈기의 정원을 가꾸든
사회 환경을 개선하든
자기가 태어나기 전보다
세상을 조금이라도 살기 좋은 곳으로
만들어 놓고 떠나는 것

자신이 한때 이곳에 살았음으로 해서
단 한 사람의 인생이라도 행복해지는 것

이것이 진정한 성공이다

지식만으로는 아는 것만으로는 잘 웃는 사람이 될 수 없다. 에머슨의 시에서 성공은 **자주 그리고 많이 웃는 것**이라는 구절을 나는 참 좋아한다.

자, 이제 자주, 잘, 많이, 그리고 큰 소리로 우리를 하나 되어 웃게 하는 퍼포먼스를 즐겨보자.

이번 본문에는 현재 많은 웃음 치료사, 웃음 전문가들이 사용하는 꺼리들과, 새로운 개발된 다양한 웃음퍼포먼스들 수백여 가지 중, 탁월한 웃음효과를 가져오는 일흔 네 개를 수록하였다.

나와 너를 웃게 하는

74개의 웃음퍼포먼스

웃음 키워드는 우리를 웃음 짓게 만드는 스위치다. 누르는 순간 웃음이 나온다. 그리고 일흔 네 개의 웃음퍼포먼스는 웃음의 키워드를 통해 더욱 재미있고, 자연스럽게 웃게 만들어 주며, 웃음을 생활화 하고, 습관화하는데 큰 도움을 줄 것이다.

사전에서 찾은 웃음퍼포먼스

LAUGH 의성어 vi.

1. (소리내어) 웃다.

   laugh 「웃다」의 가장 일반적인 말. 소리 내어 웃다는 뜻

   laugh heartily 실컷 웃다.

   smile 소리를 내지 않고 얼굴의 표정만으로 웃다.

2. 재미있어(만족스러워)하다, 흥겨워하다.
3. 〈물, 경치, 곡식 등이〉 미소 짓다, 생기가 넘치다.

PERFORMANCE (pfmns) n.

1. 실행, 수행, 이행, 성취, 달성, 성과, 성적, 실적: (의식 등의) 집행, 거행
2. 행동, 행위, 일, 작업, 동작 : (발동기의) 운전: (기계의) 성능, 효율
3. 선행(善行) : 공적
4. 상연, 연기, 연주; 그 솜씨; 흥행(물), 여흥, 재주 부리기

퍼포먼스는…

건배! 파이팅! 최고다! 감사합니다! 사랑해♥

사람은 생각과 말 그리고 행동이 하나 될 때 편안함을 느낀다. 위의 말들은 우리가 생활 속에서 자주 사용하는 말들이다.

이 말들에는 당연히 행동이 따른다. 행동하지 않고도 할 수 있는 말들이지만 그 느낌이 완성되는 것 같지 않다.

건배할 때는 술잔을 높이 들고 친구들과 챙~하고 부딪치며 마셔야 느낌이 좋다. 파이팅도 마찬가지다. 주먹을 불끈 쥐고 위에서 아래로 내리거나 올리며 외쳐야 느낌이 산다. "최고다." "감사합니다." 도 말로만으로는 뭔가 부족하다. 사랑한다는 고백도 손으로 하트를 만들어 보여주거나 안아줄 때 더 애절하다.

우리는 말과 행동이 일치할 때 완성된 성취감을 갖는다. 퍼포먼스는 설레임과 약간의 긴장감을 주어 피를 순환시키므로 두뇌를 자극시킨다.

퍼포먼스를 통하여 제스츄어를 자연스럽게 사용하게 된다. 성공적인 퍼포먼스는 자신감을 더해준다. 그리고 퍼포먼스는 보다 많은 즐거움의 기회를 제공한다.

즐거운 인생에는 퍼포먼스가 필요하다.

웃음퍼포먼스에서
사용되는 호칭

웃음퍼포먼스 리더

웃음퍼포먼스를 진행하는 사람

웃음친구

현재 나와 웃음퍼포먼스를 나누는 짝

웃음동료

웃음퍼포먼스에 함께 참여한 친구를 포함한 모든 사람

웃음 공간

웃음퍼포먼스가 진행되는 공간

웃음퍼포먼스 진행시

주·의·사·항

1. 음악을 적절히 활용한다.

단, 최고의 음악은 자연스러운 웃음소리라는 것을 잊지 말고 사용하라. 음악소리를 나이트클럽도 아니고 너무 크게 틀지 말라.

2. 조명을 적절히 활용한다.

평상시 자신의 모습과 다르게 행동해야 할 때 도움이 된다.

3. 혈압이 높은 분들은 주의를 요한다.

체력이 많이 소모되는 웃음으로 인해 일시적으로 혈압이 오를 수 있다.

4. 감기가 걸린 사람은 혼자 웃는 것을 권한다.

웃을 때 감기바이러스가 공기 중으로 나가 웃음동료들을 감염시킬 수 있기 때문이다.

5. 최근 수술(특히, 복부수술)을 한 사람들은 웃음이 아무리 좋아도 몸 생각하며 웃자.

절개부분이 약하여, 체력소모가 많은 웃음으로 인해 몸에 안 좋을 수 있다.

6. 임산부는 너무 크게 웃으면 뱃속 아기가 놀라 양수를 삼킬 수 있으니 조심해야 한다.

웃음퍼포먼스를 즐기는 법

1. 나는 어린아이라고 생각하라.
2. 웃음퍼포먼스 리더의 요청에 따라 적극적으로 행동한다.
3. 적극적인 참여 '큰소리로, 빠르게, 표정은 밝고, 행동은 크게, 그리고 내가 먼저'를 지킨다.

0. 웃음 스트레칭

아 하~

항상 무엇이든 준비운동이 필요하다. 본격적으로 웃기 위해서는 얼굴 근육부터 풀어주고 시작하자. 웃음 스트레칭을 하지 않고 웃게 되면 그동안 잘 웃지 않았던 사람들은 근육이 놀라 쥐가 날지도 모른다. 여기 한국웃음연구소에서 전하는 웃음 스트레칭을 소개한다.

퍼포먼스

얼굴 두드리기

먼저 긴장을 풀고 일단 '아~' 발음 상태의 표정을 만든다. 그리고 5개의 손가락 끝으로 터치 하듯이 가볍게 15번 정도 입 주위를 두드려준다.

'아' 발음 상태에서 두드리기가 끝났으면 이번에는 '이' 발음 상태에서 두드리며 순차적으로 '우', '에', '오' 발음 상태에서 얼굴을 골고루 두드려준다. 이러한 스트레칭에 의해서 평소 사용하지 않던 입 주위 근육을 자극하게 된다.

상하좌우 스트레칭

입술을 오므려 앞으로 쭉 내밀고 상하좌우로 움직인다. 반복해서 하다 보면 입 주위 근육을 자유자재로 움직일 수 있게 된다. 한 번 연습할 때 5~6회 계속하면 입 주위와 볼 근육이 움직이는 것을 느낄 수 있다.

상하좌우 스트레칭을 할 때는 가능하면 턱을 고정하고서 입 주위 근육이 스트레칭될 수 있도록 하는 것이 중요하다. 턱을 한 손으로 잡고 턱이 움직이지 않도록 스트레칭하면 하기가 쉽다.

입꼬리 당기기 스트레칭

입술을 한쪽으로 최대한 끌어당기고 5~10초 정도 멈춘다. 이렇게 하면 입술 근육을 상하좌우 스트레칭해줄 때와는 전혀 다른 근육이 움직인다는 것을 알 수 있다. 약 3회 정도 해주면 근육이 풀어지게 된다.

얼굴풍선 스트레칭

입 안에 공기를 넣고 최대한 얼굴을 부풀리는 스트레칭이다. 최대한 얼굴풍선을 크게 만든 상태에서 최소한 15초 정도 멈춘다.

15초 정도 후에 가볍게 손을 터치하여 얼굴풍선을 터뜨린다. 이것을 3~5회 정도 반복한다.

주름펴기 스트레칭

코에서 입꼬리까지 길고 깊게 형성되는 팔자주름을 완화시켜주며, 피부가 젊어지는 얼굴 스트레칭이다. 먼저 '오'라는 발음을 하면서 입을 최대한 벌린다. 이때 윗입술과 아랫입술이 모두 이와 최대한 붙어 있을 수 있도록 해야 한다. 다시 말해서 이가 보이면 안 된다.

이번에는 '아'라는 발음과 함께 최대한 입꼬리를 양옆으로 벌린다. 이 동작을 각 단계별로 10초 정도 반복하면 입주위의 주름살을 줄일 수 있다.

웃음 퍼주기

경쾌한 음악과 함께 확실하게 얼굴 근육을 풀어주자. 혼자도 하고, 웃음친구 얼굴을 잡고 스트레칭을 시켜주기도 해보자. 더 많은 웃음을 줄 수 있다.

단, 가족이나 정말 친한 사이가 아니라면 친구가 어린아이일 때 가능하겠다.

1. 안녕하세요. 반갑습니다.

Rap) 안녕하세요. 반갑습니다.
웃는 얼굴이 아름답군요.
오늘 이 시간 즐거운 시간
당신을 사랑합니다.

아 하~

사랑은 인사를 나눌 때 가장 많이 웃는다. 그리고 사랑은 표현하는 것이다. 웃음 키워드 사랑표현을 참고하자. 인사 나눔과 사랑의 표현이 어우러진 웃음퍼포먼스를 즐겨보자.

퍼포먼스

안녕하세요

두 사람이 양손바닥을 마주대고 둥글게 안으로 3번 돌린다.

반갑습니다

손뼉을 세 번 마주 친다.

웃는 얼굴이

자신의 얼굴 턱 밑에 두 손으로 꽃모양을 만들며 웃는다.

아름답군요

상대를 인정하며 고개를 끄떡이고, 박수를 세 번 친다.

오늘 이 시간

춤을 추듯 오른손을 잡고(남자손이 아래, 여자손이 위) 두 사람이 동시에 앞으로 한 걸음 갔다가 뒤로 한 걸음 물러난다.

즐거운 시간

잡은 손을 높이 들고 한 사람이 웃음친구를 돌려준다(이때 둘 중 더 잘 생긴 사람이 돌리는 것으로 정한다).

당신을 사랑합니다

서로 하트표시를 자신의 개성대로 만들며 사랑고백을 나눈다.

웃음 퍼주기

첫 시간에 진행할 때는 "당신을 사랑합니다"를 빼고 가위바위보 게임을 진행한다.

이긴 사람이 진 사람 얼굴에 스마일 스티커를 하나씩 붙이는 게임은 즐거움을 더할 것이다. 몸짓을 크게 하면 더욱 즐겁다.

모임 끝에 진행할 때는 "당신을 사랑합니다"에서 마음과 마음을 나누는 포옹을 하면 더욱 좋다.

2. 스마일 라인

아 하~

기자들이 유명인의 사진을 찍을 때 포토라인이 있는 것처럼 스마일라인을 만든다. 포토라인은 사진을 찍으라고 멈춰서 포즈를 취하는 위치, 스마일라인은 웃으라고 만든 선이다.

스마일이 표시된 스마일 테잎을 사람이 다니는 곳 바닥에 붙여놓는다. 투명 테잎을 붙인 후 그 위에 매직으로 스마일을 그려도 좋다.

스마일 라인을 지나갈 때는 큰소리로 웃으며 지나가야 한다(소리 내어 웃는 것이 중요하다). 웃지 않고 라인을 지나간다면 벌금 또는 벌칙을 부여한다고 규칙을 정하면 스마일 라인이 재미있게 정착될 것이다.

스마일 라인 설치

회사 출입구, 화장실 입구, 부엌 입구, 책상 앞, 엘리베이터 앞 등….

3. 스마일 버튼

아 하~

전원스위치를 켜면 불이 들어 오듯이 스마일 스티커가 버튼이 되어 웃음을 부른다. 웃으면 복이 온다지 않는가? 일단 스마일 버튼을 눌러 웃음부터 불러오자.

퍼포먼스

스마일 스티커를 누르면 웃는다고 정한다.

각자 웃음 버튼은 어디에 붙일 것인지 정한다.

얼굴, 팔, 배 등에 마음대로 붙이고 자기 스스로 웃음 버튼을 눌러서 웃음을 짓기도 하고 웃음친구의 웃음버튼을 누르며 함께 웃기도 한다.

서로의 웃음버튼을 누르며 함께 웃는 시간을 보낸다.

4. 에너지 발사

아 하~

〈물은 답을 알고 있다 실험 소개〉

물에게 긍정적인 글 또는 말(음악, 그림)을 하면 물의 결정구조가 아름답게 변하고, 부정적인 내용의 글 또는 말로 하면 결정구조가 깨지는 것을 실험한 내용을 소개한다(인터넷에서 '물은 답을 알고 있다' 를 검색하면 사진 자료와 자세한 내용을 볼 수 있다).

퍼포먼스

박수는 나와 다른 사람에게 모두 좋은 것이다. 박수를 치면 긍정적인 에너지가 내 몸을 한 바퀴 돌고 상대에게로 나간다고 한다. 그래서 박수를 칠 때 기존의 방식이 아닌 손바닥을 마주대고, 손가락 방향이 웃음친구를 향하도록 눕혀 앞으로 밀면서 박수를 친다. 이때, 칭찬과 함성을 외친다.

긍정적 에너지가 상대에게 전달되는 웃음퍼포먼스다. 긍정적 에너지를 받으면 우리 몸 속 70%의 물이 반응하여 변하는 것을 웃음친구가 재미있게 표현하면 더 많이 웃을 수 있다.

5. 감탄 박수

아 하~

웃음 키워드 '감탄'에 대한 소개로 생활 속 감탄의 중요성을 알고 그것을 습관화 하기 위해 웃음퍼포먼스를 진행한다.

Rap)
자기 정말 최고야!
와- 와- 와~~~~~
알라뷰!!

퍼포먼스

(두 명씩 짝을 지어) "감탄 박수 준비" 하면… "얍!" 하고 오른손끼리 팔씨름하듯 힘있게 맞잡는다. 왼손 오른손 번갈아 잡고 위로 올라가며 "자기 정말 최고야!"를 외친다.

"와~" 하고 감탄할 때는 손을 놓고 자신의 왼쪽으로 몸을 약간 기울여서 상대를 바라보고 "와~" 하며 감탄하고 바로 이어 반대(오른쪽)로 몸을 기울여 다시 감탄의 합성 "와~~~"를 외치고 다시 마주보고 바로 서서 서로의 양손을 잡고 좋아라 흔들며(힘차게 많이 많이 흔들어 주세요) "와~~" 감탄한다.

그리고 손을 놓고 서로의 코를 누르며 귀여운 목소리로 '알라뷰~' 라고 사랑을 고백한다.

웃음 퍼주기

웃음친구와 감탄박수를 나눌 때 힘차고 빠르게 하는 것이 중중요하다.

6. 최고 최고 뿅뿅뿅

아 하~

영화 "미스터 주부 퀴즈왕" 한석규(극중 주부역할)가 딸아이를 유치원 차에 태우고 헤어질 때 서로 나누는 장면이 나온다.

이때 최고라는 표시를 하면서 아빠와 딸이 서로에게 사용한 웃음퍼포먼스다.

퍼포먼스

"당신은 최고에요."라는 표시인 오른손 엄지 손가락을 들어보이는 것을 이용하여 양손으로 상대에게 최고라고 표시를 하고, 엄지 손가락을 미사일 버튼 누르듯이 꾹꾹꾹 눌러 최고가 발사되는 것 같은 느낌으로 서로에게 '최고' 미사일, 따발총, 바주카포(?) 등을 발사한다.

이것을 이용하여 전쟁놀이 하듯이 놀면서 '최고 총'을 가지고 서바이벌 게임을 하는 것처럼 웃음퍼포먼스를 진행한다. 그러다 마지막에는 총에 많이 맞아 장렬히 전사 아니지, 장렬히 살아나며 두 팔을 번쩍 들고 이렇게 외친다.

"나는 최고다. 하하하하하하하하"

〈웃음 키워드〉

사랑 표현

앞에서 질문했던 "사랑은…" 하면 무엇이 떠오르는가?

아직도 눈물의 씨앗? (성장의 씨앗으로 바꾸어 보는 것은 어떨까?) 사랑은 표현하는 것이라고 생각한다.(밑줄 그으세요) 우리는 표현하는 만큼의 사랑을 가지고 있다. 사랑은 바로 표현하는 것이다.

"(사랑한다고) 꼭 말로 해야 아나요?" 라는 말을 하는 어른들을 많이 만난다. 그렇다. 꼭 말로 해야만 안다. 말하지 않으면 알 수 없다. 사랑하는 사람에게 사랑한다고 말과 글로 표현하라. 아무리 강조해도 지나치지 않은 것이 바로 불조심과 사랑한다는 표현이다. 우리는 사랑을 표현하는 만큼만 가지고 있다. 이 말을 다시 한 번 깊이 생각해보기 바란다.

당신은 당신이 사랑을 표현하는 만큼만의 사랑만을 가지고 있다. 당신의 사랑 크기는 얼만한가?

지금 바로 "사랑합니다." 라고 말해보라.

'큰소리로 사랑한다고 외쳐보기' 는 베스트셀러 "살면서 해야 할 49가지 일들" 중 23번째로 소개된 중요한 일이다. "사랑해" (이제 살면서 해야 할 48가지 일들이 남았군!)

7. 하나 웃음

아 하~

국내의 내로라하는 기업들이 임직원 교육과 신입사원 연수 때 하는 훈련법이다. 기대되지 않는가? 하지만 진리는 의외로 단순하다고 했던가. 그 훈련방법 또한 매우 간단하다.

퍼포먼스

'하나' 라는 말에 엄지와 검지를 V자 형태로 만들어 입주위에 대면서 입 꼬리를 올린다. 이때 처음에는 거울을 보면서 자신이 원하던 미소를 만들고 기억하는 것이 중요하다.

친구나 동료에게 자연스러운지 또는 자신에게 어울리는 웃음인지 물어보면 더 좋은 웃음을 만들 수 있을 것이다.

하루에 2~3분 정도 하나 웃음을 반복하면 자연스러운 나만의 웃음이 만들어 진다.

'하나' 할 때 환한 미소를 짓고, '둘' 하면 원래 표정으로 돌아오는 것을 소리 내어 계속 반복한다.

웃음 퍼주기

우리는 하나를 배우면 열을 알아야 한다. 어느 정도 익숙해지면 '하나' 라는 말 대신 회사의 이름이나 자신의 이름 등을 넣어 웃으며 진행할 수 있다.

아침에 일어나서 누운 상태로 하나둘 하나둘… 해보라. 하루 종일 입 근육이 웃고 싶어 근질근질 할 것이다.

웃음은 전염된다. 웃음은 감염된다.
이 둘은 당신의 건강에 좋다
-윌리엄 프라이-

8. 웃음 발명왕

아 하~

팀을 형성하여 새로운 웃음법을 만들어보는 시간을 갖는다.

예) 화투를 치는 동작을 하면서 웃는 고스톱 웃음법, 운전을 하면서 웃는 운전 웃음법, 오징어가 불에서 구워지는 모습을 형상화 하면서 웃는 오징어 웃음법, 핸드폰을 들고 통화하면서 길을 걸어가며 웃는 핸드폰 웃음법, 새가 땅을 박차고 날아오르는 모양을 하며 웃는 새 웃음법, 신나게 뛰면서 학교에 등교하는 아이들의 모습을 참고하여 만든 학교 가는 길 웃음법, 서바이벌 게임을 하는(총쏘고, 구르고 등) 모습을 하며 웃는 서바이벌 게임 웃음법 등 얼마든지 웃음을 개발할 수 있다.

개인이나 각 팀별로 잠깐 동안 웃음을 발명하고, 연습한 뒤 개인전, 단체전 등으로 웃음발명대회를 펼친다.

퍼포먼스

모두가 좋아하는 인기 웃음퍼포먼스 베스트 5! 이런 식으로 적어두었다가 다 같이 따라해 본다.

9. 유머 DJ = 웃음 DJ

아 하~

MC들은 라디오 방송에서 시청자들이 보내 온 유머를 신나는 음악과 함께 시원하고 재미 가득한 목소리로 들려준다.

퍼포먼스

순서를 정해서 유머를 준비해 온 사람은 경쾌한 BGM을 틀고, 리듬을 타면서 유머를 재미있게 읽는다.

생방송으로 하기가 어렵다면 녹음을 해서 립싱크를 하는 것도 또 하나의 웃음거리가 된다.

하루를 즐겁고 유쾌한 이야기로 시작하는 것은 참 기분 좋은 일이다.

단, 유머는 절대 가려 써야 할 게 있다는 것은 기본!

10. 마법의 웃음 안경

아 하~

안경을 쓴 사람들에게 물었다.

"당신은 왜 안경을 쓰시나요?"

그러자 그는 "그걸 질문이라고 하십니까? 잘 안 보이니까 안경을 쓰지요!"

안경을 쓴 다른 사람에게 똑같은 질문을 하였다. "당신은 왜 안경을 쓰시나요?" "저는 세상을 더 잘 보려고 안경을 씁니다."

여기 마법의 웃음 안경이 있다.

이 안경을 쓰면 어린아이와 같이 되어 세상이 온통 웃을 거리로 가득한 세상이 보인다.

안경은 수수깡으로 만들어도 좋고, 안경테만 있는 진짜 안경이어도 좋고, 문구점에서 파는 우스꽝스러운 장난감 안경이어도 좋다.

퍼포먼스

안경에 대한 설명 후, 안경을 모두 쓴다. 그리고 서로를 보며 주위 환경을 보며 웃는다. 원래는 아무 웃을 거리도 아닌데 마법의 웃음 안경을 썼기 때문에 웃기게 보이는 것이다. 이때 그냥 웃는 것이 아니라 말을 하면서 웃으면 더욱 재미있다.

예) 책상을 보면서 "우하하하, 책상이 네모네~! 우하하하하" "어디 어디? 으하하하, 정말 책상이 네모나네… 푸하하하하"

"머리가 머리가 가발이 아니야~! 우하하하하"
"니 코… 니 코가 너무 잘 생겨보여~ 푸하하"

웃음 퍼주기

웃음 공간 전체를 돌아다니며 마음껏 상상력을 발휘하여 웃어보자.

11. 웃음 사인

-나의 웃음생각 묶어두기-

핸드폰을 열면 메롱하며 환하게 웃고 있는 어여쁜 딸의 사진을 보기만 해도 저절로 기쁜 미소를 짓게 된다. 이처럼 사람들은 저마다 미소가 저절로 나오는 그 무언가가 있다.

보기만 해도 기분이 좋아지는 것들을 활용하여 웃음 사인을 만들어보자.

애인과 함께 산 커플링을 볼 때? 월드컵 경기 때 흥분하며 흔들었던 태극기? 잠잘 때 없어서는 안 되는 인형? 아끼고 또 아껴 모은 돈이 가득 담긴 통장? 학창시절 첫사랑에게 받은 연애편지? 미소가 절로 나오는 것들은 사람마다 다르다.

야구경기에서 보면 감독이 타석에 들어서는 타자에게 열심히 사인을 보내는 모습을 본 적이 있을 것이다. 투수도 공을 던지기 전에 포수와 사인을 교환한다.

웃음 사인을 만들어보자. 사랑하는 사람과 주위 동료들과 함께 둘만의 또는 우리 팀만의 비밀스런 웃음 사인을…. 어떤가? 재밌지 않을까?

퍼포먼스

오른손 엄지손가락으로 코를 세 번 문지르고, 왼쪽 볼을 한 번 쓰다듬으면 "오늘도 웃는 하루~!" 라는 의미로 정한다. 나에게 힘을 주는 웃음 사인을 내 맘대로 만들자.

길을 걷다가 PC방을 보면 웃는다든지, 경찰차를 보면 웃기로 자신과 약속을 한다든지 하면 된다. 나에게 힘을 주고 다른 사람을 웃게 하는 우리만의 비밀스런 웃음 사인을 만들어 활용하자.

웃음 퍼주기

이렇게 생각하는 사람들이 꼭 있다.

"내가 축구를 보면 꼭 지더라."

"내가 기계를 만지면 꼭 고장나!"

이렇게 한두 번의 경험으로 부정적 생각이 묶여진 상태인 사람들이 있다. 이것을 바꾸어 "나는 화장실만 가면 꼭 좋은 아이디어가 떠올라"라고 긍정적 생각 묶어두기를 활용해보라.

"나는 아침에 눈만 뜨면 웃음이 나와!" 등….

12. 눈웃음

아 하~

웃을 때 눈도 같이 웃는 것을 “눈웃음친다”라고 표현한다. 눈웃음이 정말 예쁜 사람을 보면 그냥 기분이 좋다.

인간관계에서 갈등이 오는 대표적인 이유가 바로 커뮤니케이션이다.

말할 때 눈웃음을 치며 말해보자. 우리의 대화는 더욱 즐거워질 것이다.

퍼포먼스

옆 사람과 대화를 하는 시간을 갖는다.

단, 평상시보다는 오버를 하며 눈과 표정으로 웃으며 대화한다.

자연스럽게 우리의 제스츄어도 커질 것이다.

웃음친구와도 눈웃음 눈인사를 나누고, 주위를 둘러보며 웃음동료들과도 함께 나누자. 그리고 한 번은 눈은 가만히 있고 입만 웃으며 말해보자. 어떤 마음과 분위기가 연출되는지 느껴보자.

13. 337 박수

아 하~

팀별로 다양한 퍼포먼스를 개발하고, 그것을 발산하는 창의적이고 팀웍을 이루는 웃음퍼포먼스다.

퍼포먼스

1) 각 팀 별로 둥글게 앉아 진행한다.
2) 다같이 337박수를 보통, 빠르게, 아주 빠르게 한 번씩 친다(이것만으로도 감정에 변화가 온다).
3) 각 팀의 웃음리더(팀장)를 원 가운데에 서게 하고 웃음리더를 도와줄 사람을 한 명 뽑는다. 이들은 웃음치어리더가 되어 337박수를 칠 때 춤을 춘다.
4) 337 박수 후반부에 있는 우~~~~~ 부분에서는 팀원들이 만든 창의적인 아이디어를 단합하여 표현하고, 마지막 "얍!" 에서는 엔딩포즈를 취한다.

5) 연습시간을 갖고, 한 팀씩 진행한다.

웃음 퍼주기

337박수를 칠 때는 입으로도 짝짝짝 소리를 내도록 요청한다. 후에는 짝짝짝 대신 하하하로 바꾸면 좋다.

그리고 '우~~~~' 부분에서는 팀 단합으로 웃는 모습을 보여주어도 재미있다.

〈웃음 키워드〉

감사

항상 있는 그 자리에서 감사하라. 정말 소중한 이야기이다.

3감 = 감사→ 감탄→ 감동
감사에서 감동이 나온다.
감탄하면 감동한다.

감사할 수 있는 상황에서 감사하는 것은 누구나 할 수 있는 것이다. 그러나 도저히 감사할 상황이 아닌데 감사를 하는 것은 대단한 일이다.

하루를 살며 "감사합니다." 라는 말을 얼마나 자주 하는가? 듣기 참 좋은 이 말을 자주 하는 사람들을 보면 나쁜 사람이 없는 것 같다.

(새해 로또를 하는 사람들을 만나 인터뷰를 했다.)

PD : 얼마 정도 당첨이 되면 인생이 행복해지겠다는 생각이 들까요?

A : "많이 안 바래요. 1-2억이면 됩니다."

B : "20억이면 내 꿈을 이룰 수 있습니다."

C : 많으면 많을 수록 좋죠~!

로또 복권 43억 당첨자 김명자(가명)씨는 지금 있는 돈을 다 주고라도 꼭 찾아오고 싶은 게 있다고 합니다.

김명자 : 그렇게 행복하지는 않은 것 같아요. 왜 그런 것 있죠? 그 전에는 먹을 게 있으면 그게 흔하게 우리가 살 수 없는 거니까 아빠는 엄마 먹으라고 하고, 엄마는 아빠 먹으라고 하고, 또 둘 다 안 먹다가 그 다음에는 그러면 자기 먹으라고 이렇게 미뤄주고 그러다가 결국엔 셋 다 못 먹어서 어떤 때는 그걸 아까워서 못 먹고 썩혀서 버린 적이 있는데 지금은 그런 마음까지도 다 우리 식구가 없어진 것 같다고 우리 아이가 얘기를 했어요.

'그것이 알고 싶다' 에서 '벼락부자 그 후…' 라는 제목으로 상영된 이 날의 영상 중 위 내용이 나오는 부분을 보며 행복은 내가 이미 가지고 있구나라고 생각을 했다. 그것을 느끼지 못할 뿐이고 모르고 있을 뿐이라는 것이다.

현재 나의 모습과 내가 가진 것에 감사할 때, 비로소 우리는 행복하게 된다.

늘 감사하는 마음으로 살자. 작은 것에 감사하고 그것으로 인해 감동하며 살자. 그래서 우리의 삶이 감탄하는 삶이 되기를 간절히 바란다.

마쓰시다 고노스케의 세 가지 은혜

일본의 세계적인 부호이며 사업가인
"내쇼날" 상표의 창업자 마쓰시다 고노스케가
아흔 넷의 나이로 운명했다.

일본의 어머니들은 아들에게
"고노스케를 닮아라" 고 훈계하고,
경영자들은 "마쓰시다 주의" 란
새 용어를 만들어 냈다.

고노스케는 아버지의 파산으로
국민학교 4학년을 중퇴하고
자전거포의 점원이 되어 밤이면 어머니가
그리워 눈물을 흘리던 울보였다.
이 울보 고노스케의 첫 사업 성공은
아홉 살 때의 일이다.
자전거를 고치러 온 손님이 늘 담배를
사오라는 심부름을 시키는 데 착안하여

주인에게 돈을 빌려 한꺼번에 담배를
할인 받아 사 놓고 손님들이 부탁을
하자마자 꺼내 놓아 귀여움을 받게 되었다.

이로부터 85년이 지난 후 마쓰시다는 산하 570개 기업,
13만 명의 종업원을 거느린 총수 자리에 올랐다.
그것도 "전기" 한 품목으로 이뤄진 기업이었다.

어느 날 마쓰시다 회장에게 직원 한 사람이
"회장님은 어떻게 하여 이처럼 큰 성공을 하셨습니까?"
하고 질문하자,
그는 "나는 세 가지 하늘의 은혜를 입고
태어났기 때문이라네."라고 대답하였다.

그 세 가지 은혜란
첫째, "가난한 것"
둘째, "허약한 몸"
셋째, "못 배운 것"이라고 하였다.

그 소리를 듣고 깜짝 놀란 직원이
"어떻게 그것이 은혜가 됩니까?
이 세상의 불행은 모두 갖고 태어나셨는데도
오히려 하늘의 은혜라고 하시니

저는 이해할 수 없습니다." 고 하였다.

그러자, 마쓰시다 회장은
"나는 가난 속에서 태어났기 때문에
부지런히 일하지 않고서는 잘 살 수 없다는
진리를 깨달았다네.
또 약하게 태어난 덕분에
건강의 소중함도 일찍이 깨달아 몸을 아끼고
건강에 힘써 지금 90살이 넘었어도
30대의 건강으로 겨울철 냉수 마찰을 한다네.

또 국민학교 4학년을 중퇴했기 때문에
항상 이 세상 모든 사람을 나의 스승으로
받들어 배우는데 노력하여
많은 지식과 상식을 얻었다네.
이러한 불행한 환경이 나를 이만큼
성장시켜 주기 위해
하늘이 준 시련이라 생각되어
늘 감사하고 있다네."
하고 말했다.

14. 이랴- (말타기)

아 하~

어린 시절 아빠와 어떤 놀이를 하며 자랐는지 기억하는가? 아빠가 누워서 발로 비행기를 태워 주시던 기억이 난다. 우리 아이도 무지 좋아한다.

또 하나의 재미난 기억은 말 타기이다.

자- 신나게 달려볼까?

퍼포먼스

가위바위보로 진 사람은 말, 이긴 사람은 기수의 역할을 한다. 기수는 말 등에 올라타 다른 기수들과 인사를 하며 다닌다. 말들도 서로 주인을 태우고 웃음 공간 전체를 돌아다니며 말들끼리 인사를 나눈다.

전체 인원에 따라 조절해가며 기수들과 인사를 나눈 뒤 원래의 자리로 돌아오도록 한다.

웃음 퍼주기

끝나고 질문을 하는데, 말들에게 묻는다. "등위

에 탄 기수가 자기 몸무게는 생각도 안 하고 두 다리 들고 탔다 하는 사람 있나요?" 그렇다면 두 사람은 사이가 좋은 거라 볼 수 있다.

친하지 않은 사이라면 절대 두 다리 다 들고 자기 몸무게를 실어서 탈 수 없다. 친하기 때문에 말 역할을 하는 웃음친구가 힘들어도 다 이해해 줄 것이라 믿기 때문에 마음 놓고 즐길 수 있는 것이다.

15. 자부심 박수

아 하~

나는 나를 어떻게 생각할까? 강의를 하기 위해 섰을 때 만나는 사람들은 자신들을 어떻게 생각할까? 박수를 통하여 알아보자.

퍼포먼스

"전체 박수 3번 시작!" 하면 짝!짝!짝! 친다. 그런데 한 번 더 '짝!' 치는 사람들이 꼬~옥 있다.

새로운 규칙 하나! 세 번 박수를 친 다음 한 손 주먹을 불끈 쥐고 '얍!' 이라고 외치기!

짝! 짝! 짝! 얍!

몇 가지 질문에 해당되는 사람만 박수를 치라고 알려준다.

- 나는 얼짱이다. 생각하는 사람만 박수 3번 시작!
- 나는 맘짱이다.
- 나는 적어도 내 옆 사람보다는 잘 낫다고 생각하는 사람만 박수 3번 시작!(이때 많이 친다.)
- 나는 잘 웃는다고 생각하는 사람만 박수 3번 시작!

- 나는 행복하다.

해당되는 사항에 박수를 치는 사람들로 인해 많은 웃음이 나온다.

웃음 퍼주기

아주 빠르게 박수 3번 시작! 박수 2번 시작! 박수 1번 시작! 박수 0번 시작! 이라 외친다. 사람들의 이때 반응이 무척 재미있을 것이다.

이것이 왜 자부심 박수일까? '사람은 자기가 행복하다고 믿는 만큼만 행복하다' 라는 아브라함 링컨의 말처럼 자기가 얼짱이라고 생각하면 얼짱, 마음씨 좋다고 생각하면 마음씨 좋은 것이다. 내 맘이다.

이것이 바로 자부심 높은 사람의 마음가짐이라고 생각한다. 링컨의 말을 들려주고 '행복하다고 생각하는 사람만 박수 3번~' 하면 거의 모두가 박수를 친다.

16. 둘이서 하나 되어(반짝반짝)

아 하~

사랑하는 연인끼리는 팔짱을 끼고 걷는다. 딸이 아빠와 함께 걸을 때도 팔짱을 낀다. 둘이 하나 되어 밤길을 걸을 때 밤하늘에 별들이 반짝 반짝 우리 가는 캄캄한 길을 비춰준다.

퍼포먼스

웃음친구와 팔짱을 끼고 마음껏 주위를 돌아다닌다. 서로 팔을 들어 손을 반짝반짝 돌리며 신나게 뛰어다닌다.

다른 웃음동료들과 지나치며 인사를 나눈다.

17. 웃음 림보

아 하~

사람이 크게 웃을 때 하늘을 보며 웃는 웃음이 있다. 림보게임은 해본 적 있나? 선 채로 몸을 젖혀 정해진 높이의 막대를 닿지 않고 통과하는 게임인 림보를 하며 마음껏 웃어보자.

퍼포먼스

림보 막대를 설치한다. 너무 낮지 않게 살짝 몸을 젖히면 통과할 수 있도록 높이를 정한다.

음악과 함께 순서대로 림보 막대를 웃으며 통과한다. 사람들은 박수를 치며 통과하는 사람을 응원한다.

웃음 퍼주기

웃음 공간 입구에 설치해 놓고, 스마일 라인처럼 활용을 한다. 림보 막대를 통과할 때는 웃을 것을 규칙으로 정한다.

18. 핸드롤링

아 하~

사람들이 대화중에 웃는 상황에서 농담이나 재미있는 이야기 때문에 웃는 경우는 10-20%에 불과하며 대부분 '그동안 잘 있었어?' '만나서 반가워' '어떻게 지냈어?' 라고 인사하는 일상적이고 평범한 대화를 할 때 가장 많이 웃는다고 로버트 프로빈 교수는 그의 책 「웃음: 그에 관한 과학적 탐구 2000」에서 1,200명을 조사한 내용을 밝혔다.

사람들마다 나라마다 다양한 인사법이 있다.

지금 여기서 소개하는 것은 주위를 끌고 재미있게 인사를 하는 다양한 방법과 아이디어들이다. 놀이동산 매표소 앞이나, 대형 마트나 백화점에 가면 주차장 입구에서 고객을 반기는 사람이 있다.

무릎을 약간 구부리며 손은 반짝반짝 하며 돌린다. 환한 미소와 함께 "안녕하십니까? 반갑습니다."로 인사한다. 이것을 핸드롤링이라고 한다.

퍼포먼스

핸드롤링을 소개하고, 자신들이 생활 속에서 보았던 핸드롤링을 나눈다. 웃음친구와 즐거움을 주는 핸드롤링 인사를 내 맘대로 만든다.

손을 돌리며 인사, 손을 물결치며 인사, 한 바퀴 돌며 인사, 몇 가지 춤 동작을 넣어 인사 등… 각자 웃음친구와 개발한 핸드롤링을 나누고, 웃음동료들과 자신들이 만든 핸드롤링으로 인사한다.

웃음 퍼주기

웃음동료와 만났을 때 쉽게 구분하기 위해 키가 큰 사람이 먼저 자신의 핸드롤링을 선보이면 동료가 따라한 뒤, 자신의 핸드롤링도 소개한다.

키가 큰 사람이 먼저 소개하는 것도 좋고, 더 어려 보이는 사람이 먼저 핸드롤링을 하는 것도 좋은데 이렇게 되면 서로 먼저 하겠다고 하여 웃음을 유발할 수 있다.

19. 만화영화 주제곡 '스머프'

아 하~

내 어린 시절의 만화영화는 어떤 것들이 있는가? 라는 질문을 던지면 자신들이 재미있게 보았던 만화들을 떠올리며 이야기 한다. 미래소년 코난, 캔디, 호호아줌마, 꼬마자동차 붕붕.

이러한 생각을 하는 것만으로도 웃음이 난다. 그 중에서도 파파 스머프, 가가멜 등 다양한 캐릭터가 등장하는 이야기 스머프의 노래를 신나게 불러보자.

퍼포먼스

웃음동료들과 손을 잡고 스머프 노래를 부른다. '랄랄랄랄~~~~ 랄랄~~~라!"

A

① 제자리에 서서 다른 제스츄어는 하지 않고 그냥 노래만 부른다. 표정도 무표정을 유지한다.

② 손을 흔들며 부른다. 표정은 알아서 한다.

③ 손과 몸을 함께 흔들며 빠르게 부른다.

④ 온 몸을 흔들며 뛰면서 크고, 빠르게 부른다.

B

① 손을 잡고 흔들며 보통 스피드로 부른다.

② 빠르게 부른다.

③ 아주 빠르게 부른다.

웃음 퍼주기

한 단계 한 단계 나아갈 때마다 그 느낌을 느낄 수 있도록 시간적 여유를 준다. 각 단계의 차이점을 알 수 있도록 조절하며 진행한다.

먼저 행동을 바꾸면 마음상태를 바꿀 수 있다는 것을 알 수 있다. 사람은 생각-말-행동이 일치할 때 편안하고 큰 즐거움을 얻을 수 있다.

20. 우하하하 우습다

아 하~

사람들을 웃기기 좋아했던 내가 가장 듣기 싫었던 말이 있다. 그것은 바로 '썰렁해!' 다.

나의 귀한 마음을 무시하는 말! 썰렁!!! 그 말은 사람을 무시하면서 주위 다른 사람들에게 웃음을 주기도 한다.

그러나 무시당한 사람의 마음이 어떻겠는가?

친구들끼리 장난으로 사용할 수 있다지만 일단 무시하는 건 무시하는 것이다. 요즘도 비슷한 말이 돌고 있다.

그 말은 '됐거든' 이다. 무언가 이야기를 하는데 딱 잘라서 '됐거든' 한다. 시대의 유행어일 수 있지만 마음을 많이 상하게 할 수 있는 말이라는 것을 잊지 말기 바란다.

우리는 '썰렁해' 나 '됐거든' 이 아니라 누군가 우리를 위해 즐거운 이야기를 던지면 웃음으로 화답하라.

퍼포먼스

노래 빈대떡 신사에 나오는 후렴구다. 웃음친구와 짧지만 재미난 이야기를 나누도록 요청한다. 한 사람이 하면 친구가 간단한 춤을 추며 노래를 부른다.

♬우하하하 우습다. 우헤헤헤 우습다. 우하하하하하하 우습다.♪

① 우하하하 우습다: 웃음친구의 이야기를 듣거나 동작을 보고 간단한 코믹춤을 추며 노래를 부른다.

② 우헤헤헤 우습다: 이야기를 한 사람이 부른다. 코믹춤을 따라하며 부른다.

③ 우하하하하하하 우습다: 둘이 동시에 손을 잡고 좌우로 흔들다가 '우습다' 부분에서는 서로 손뼉을 세 번 친다.

21. 웃음 망치 '웃음 나와라! 뚝딱'

아 하~

전래동화 「도깨비 방망이」에서는 도깨비 방망이를 땅에 내려치며 원하는 것을 말하면 바로 앞에 나타났다. 그래서 '금 나와라 뚝딱! 은 나와라 뚝딱!' 이라고 외쳤다. 나에게도 도깨비 방망이가 있었으면 하고 생각했던 때가 있다.

그러나 당시에 도깨비 방망이를 가졌다고 해도 그때는 돈 나오라고 외쳤을 것 같다. 하지만, 지금은 행복 가득한 웃음 나와라, 다른 사람을 웃게 해주는 유머감각 나와라 등 뚝딱뚝딱 나오라고 계속 외칠 것 같다.

퍼포먼스

뿅망치를 한두 개 준비한 뒤 들고 다니면서 웃음동료들을 때린다.

이때, '웃음 나와라! 뚝딱' 하고 외친다. 웃음 망치에 맞으면 당연히 웃어야한다.

한 번 때리면 하하! 두 번 때리면 하하하! 세 번

때리면 …… 맞는 즉시 큰소리로 웃는다.

웃음 퍼주기

작고 귀여운 뽕망치를 가방에 넣고 다니면서 종종 꺼내 스스로도 때려보고, 만나는 사람들에게도 '웃음 나와라! 뚝딱!' 을 해보자.

22. 외침! 이야~아!

아 하~

최근에 크게 소리 질러 본 것이 언제였나? 어린 시절 눈치 보지 않고 큰소리쳤던 때를 지나면, 산에 올라가 '야호~' 할 때 빼고는 거의 큰 함성을 지르기가 쉽지않다.

우리는 큰 함성이 주는 카타르시스를 2002년 월드컵 때 느꼈다. 밤새 외치는 대~한민국으로 정말 속이 다 후련하지 않았는가? 그 함성의 기운을 다시 느껴보자.

퍼포먼스

웃음친구와 손뼉을 마주대고 선다. 웃퍼리더의 신호와 함께 손뼉을 마주 치며 '천천히' 에서 '빠르게' '작은 소리' 에서 '큰 소리' 로 손뼉을 마주 친다.

웃퍼리더의 신호가 끝나기 전까지 계속 친다. 약 15~25초 정도 치도록 시간을 갖는다.

손뼉과 함께 큰 함성을 지르니 느낌이 어떤가?

우리는 소리 지르고 싶을 때 소리 지를 수 없는 환경에서 산다. 그래서 4년이나 기다려 월드컵 때 함성 지를 거 다 지르려고 벼르고 있다.

지르고 싶을 땐 지르는 거다. 눈치 볼 필요 없다. 큰 소리로 함께 웃자.

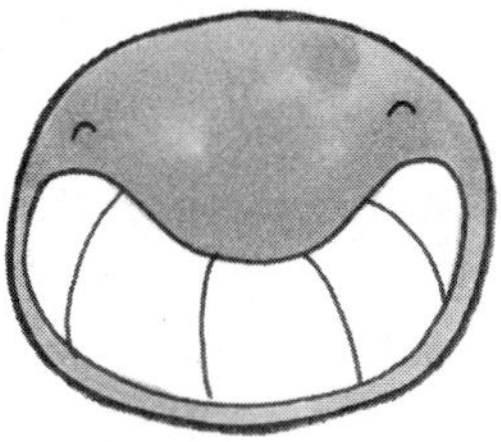

미소는 가장 강렬한 영향력을 주는 유일한 것이다.
– 디어도어 루빈 –

23. 거울 놀이

아 하~

"거울은 먼저 웃지 않는다." "거울은 주인의 표정을 닮는다."

내 앞에 있는 웃음친구가 이제부터 거울이다. 연출을 통해 나만의 멋진 웃음을 만들어보자.

퍼포먼스

가위바위보로 사람과 거울 역할을 나눈다.

사람은 거울 앞에 서서 자신이 하고 싶은 모든 행동들을 한다. 평상시 거울 앞에서 하던 모습일 수도 있고, 전혀 아닐 수도 있다. 거울 역할을 하는 사람은 행동을 그대로 따라한다.

여러 가지 엉뚱한 모습들로 인해 서로 많이 웃는 시간이 될 것이다.

24. 자석 놀이

아 하~

거울놀이와 비슷한 웃음퍼포먼스다. 여기서는 두 사람 모두 자석이 된다.

어릴 적 자석놀이를 할 때 자석들이 잘 움직였던 것처럼 잘 따라 다니고 움직여야 한다.

퍼포먼스

한 사람이 주도적으로 움직이고, 다른 한 사람은 앞사람이 움직이는 대로 따라간다.

손바닥을 내밀어 웃음친구 얼굴에 가져다 대고 내 쪽으로 당기면 얼굴이 따라온다.

팔 쪽에서 손을 대지 않고 돌리면 팔을 돌리는 등 자석이 되어 움직인다. 머리로 머리를 움직일 수 있고, 다리로 온 몸을 움직이게 조정할 수 있다. 진행 후 그 느낌을 공유한다.

웃음 퍼주기

넓은 공간이 있다면 마음껏 이동하며 퍼포먼스를 나눠보자. 그 느낌이 또 다를 것이다. 단, 다른 웃음동료와 접촉사고를 조심할 것.

25. 웃음 마네킹

아 하~

항상 쇼윈도 안에 마네킹들은 화려하며, 아름답다. 나름대로 마네킹들도 그러한 몸짓으로 서 있는 이유가 있다. 웃음친구가 연출하는 대로 내 몸을 맡겨보자.

나는 지금 어떤 작품으로 태어날 것인가?

퍼포먼스

웃음 공간을 다니다가 음악이 멈추면 주위 사람과 가위바위보를 하고, 진 사람은 마네킹이 된다. 이긴 사람은 마음껏 자신의 작품을 만들 수 있다.

잠시 뒤 마네킹만 남기고 웃음친구들은 웃음 공간 주위로 둥글게 선다.

웃퍼리더는 마네킹들을 둘러보며 작품 이름을 물어본다.

마네킹을 연출한 웃음친구는 나름대로 자신의 작품세계를 표현한다. 제목과 의미를 소개한다.

26. 쥐었다 폈다

아 하~

박수는 여러 종류가 있다. 박수를 잘 활용하면 건강에 큰 도움이 된다. 여기 웃음친구와 나누는 마음 맞추기 박수를 소개한다.

퍼포먼스

웃음친구와 서로 마주보고 선다. 한 사람은 손바닥을 펴고, 또 한 사람은 주먹을 쥐고 서로 손을 맞댄다.

웃퍼리더의 신호와 함께 하나 둘 셋… 숫자를 세면서 손바닥-주먹-손바닥-주먹… 으로 바꿔가며 박수를 친다.

웃음 퍼주기

점점 빠르게 하면 더욱 재미있고, 숫자 대신 웃음소리로 바꾸어 웃퍼리더의 신호가 있을 때까지 웃으며 박수 친다.

27. 왕자님공주님 박수

아 하~

이것도 박수의 종류이지만 흔하게 보는 것들과는 다르다. 자신을 높여주고, 사랑스럽게 대하는 그 이름도 거창한 왕자님, 공주님 박수다.

퍼포먼스

양 손으로 턱 주위를 받치고, 손바닥으로 턱과 볼을 톡톡톡 치며 소리내는 박수다. 박수를 어느 정도 치다가 왕자님, 공주님, 마마님 대사를 한다.

(볼과 턱을 동시에 치며) '무엄하도다~ 하하하하하하하', '게- 아무도 없느냐~ 하하하하하하하', '뭐라고~호호호호호호호', '네~ 이놈을~ 흐흐흐흐흐흐흐'

웃음 퍼주기

머리가 좋아지는 박수다. 턱과 볼 사이는 남자가 제일 만지고 싶어 하는 여성의 신체부위 라고 한다. 그래서 사랑하는 연인을 볼 때 여자의 볼과 턱을 어루만지는 장면이 많이 나오나 보다.

28. 웃음 멜로디

아 하~

아프리카 리듬에 맞추어 소리내고, 웃어보자.

퍼포먼스

(a) 1 2 3 4 5 6 7 8 9 10 11 12
(b) 1 2 3 4 5 6 7 8 9 10 11 12
(c) 1 2 3 4 5 6 7 8 9 10 11 12
(d) 1 2 3 4 5 6 7 8 9 10 11 12
(e) 1 2 3 4 5 6 7 8 9 10 11 12

한 번씩 전체가 (a)~(e)까지 소리 내어 읽는다. 진한 숫자는 크게 읽는다. 웃음그룹을 (a)~(e)까지 5개로 나눈다. 각 팀 것을 각각 표현해본다.

박수만으로도 쳐본다. 약 1분정도의 시간동안 12글자의 재미난 문장을 만들어 넣는다.
예) 웃는 내가 참 좋아 정말 좋아요.

순서대로 웃음그룹이 발표할 때 두 번씩 하는데 한 번은 말로만(의미전달이 목적)하고 두 번째는 박수와 함께 한다.

29. 한 글자로 웃어요. 두 글자로 웃어요.

아 하~

말에는 힘이 있다. 긍정적인 단어는 긍정적인 영향을 준다.

웃음을 부르는 최고로 짧은 말을 소개한다.

퍼포먼스

웃퍼리더의 말을 따라 하며 웃는다.

한 글자 웃음의 말: 와- / 오- / 예- / 음- / 굳-

두 글자 웃음의 말: 오예- / 와우- / 앗싸- / 히야- / 오레- / 따봉- / 빠샤- / 하이

웃음 퍼주기

말과 행동 그리고 표정을 약간 오버스럽게 하면 더 큰 즐거움이 된다.

30. 아하! 그렇구나

아 하~

무언가 새로운 것을 알았을 때 우리의 반응은 어떤가? 그냥 무덤덤? 놀라움으로 새로운 지식과 정보를 반겨보라. 그렇게 하면 새로 얻은 지식은 잊혀지지 않을 것이다.

사람들 앞에서 이야기할 때 듣는 사람들이 나의 말에 고개를 끄떡여주고, 웃어주며, 종이에 적을 때 기분이 참 좋다. 누군가의 말을 듣고 새로운 것을 알았을 때 이렇게 표현해보라.

퍼포먼스

웃퍼리더가 웃음 키워드 및 나를 웃게 하는 것들 등 여러 가지 정보를 주는 이야기를 하고 손가락으로 소리를 내며 '아하!' 라고 외친다.

이때 참여한 웃음동료들은 '아! 아! 그~렇구나!' 를 외치게 된다.

아! - 오른손 반짝

아! - 왼손 반짝

그~렇구나 - 양 팔을 앞으로 나란히 하듯 오른쪽에서 왼쪽으로 돌려주며

웃음 퍼주기

처음에 알려주고, 강의 중간 중간에 사용하면 집중력을 높일 수 있다.

우리는 행복하기 때문에 웃는 것이 아니고
웃기 때문에 행복하다.
-윌리엄 제임스-

〈웃음 키워드〉

까르페디엠
Carpe Diem

아버지는 말하셨다. 인생을 즐기라고!

"세상에서 가장 중요한 때는 바로 지금, 이 순간이고, 가장 중요한 사람은 지금 함께 있는 사람이고, 가장 중요한 일은 지금 내 곁에 있는 사람을 위해 좋은 일을 하는 것이다"

톨스토이의 「세 가지 질문」 중에서…

옛날 병에 들어있던 흰 우유를 기억하는가?

흰 우유와 카스테라를 같이 먹던 그 맛을 기억하는가?

지금 그 맛이 느껴지지는 않지만 정말 맛있었다는 강한 인상이 남아있다. 그리고 다시 한 번 먹고 싶다는 생각을 갖는다.

군대 훈련소에서 후식으로 나왔던 붕어 싸만코를 맛있게 먹으며 '밖에 나가면 붕어 싸만코만 먹을 거야' 라고 다짐하고 다짐했던 기억이있다.

그러나 사회에 나와서 지금까지 붕어 싸만코를 한번도 먹지 않았다. 왜 그랬을까?

크리스토퍼 리더십 코스에서 함께 강의하는 강사님의 이야기이다.

“어린 시절 카스테라와 함께 먹던 우유의 맛을 기억하십니까?”

이 한마디에 사람들은 어린 시절 맛보았던 맛을 떠올리며 미소를 지었다.

“정말 맛있게 먹었던 빵과 우유였습니다. 어린 시절 저는 결심했습니다. 돈을 아끼고 아껴서 정말 돈 많이 모아서 카스테라와 우유를 왕창 사먹겠다고… 그리고 돈이 생겨도 빵과 우유를 먹지 않고 참으며 돈을 모았습니다.”

참 재미있는 이야기다. 어린 시절 그 맛이 너무 좋아서 왕창 사먹으려고 돈을 모았다는 이야기…. 나머지 이야기를 들어보자.

“저는 지금 카스테라와 우유를 사먹지 않습니다. 돈은 얼마든지 사먹을 수 있게 충분하지만 어린 시절 그때 먹었던 그 맛을 느낄 수 없기 때문입니다. 차라리 그 순간에 더 많이 즐길 것을 왜 그랬나 하는 생각이 듭니다.”

많은 사람들이 예쁜 그릇을 선물 받으면 바로 사용하지 않고, 포장 그대로 잘 보관해놓는다.

다른 선물들도 마찬가지다. 예쁜 악세사리 시계를 선물로

받았는데 아까워서 포장도 안 뜯고 잘(?) 놓았다가 잃어버려 이사 갈 때 찾은 적도 있다.

찾아도 아까워서 다시 포장 박스에 넣어놓았다. 당연히 또 사라졌다.(진짜 그게 어디있지?) 사용해야 하는 그릇이 장에 들어가 있으니 몇 년이 지나고 디자인이 노후해지면 사용하지도 않는다.

아깝다는 생각에 바로 사용하지 못하고 다음을 기약하다가 포장도 풀지 않고 그냥 그렇게 없어져 버리는 것이다.

흔히들 부모님이 살아계실 때 잘 해드리라는 이야기를 많이 듣는다. 돌아가신 뒤 "그때 잘 해드릴 걸" 이라고 말한다. 후회는 아무리 빨리 해도 늦는 것이다.

현재에 충실하라. 현재를 즐겨라.

"까르페 디엠"을 들어보았는가? 철학자 에피쿠로스가 한 말로 영화 죽은 시인의 사회에서 존 키팅 선생(로빈 윌리암스)가 말해 유명해진 말이다. 그 영화 속 대사를 보자.

시(詩)
시간을 버는 소녀에게
시간이 있을 때 장미 봉우리를 거두라.
시간은 흘러
오늘 핀 꽃은

내일이면 질 것이니

존 키팅 : "시간이 있을 때 장미 봉우리를 거두라" 이걸 라틴어로 표현하면 '카르페 디엠' 이지. 이게 무슨 뜻인지 아는 사람?

믹스 : '카르페 디엠' , 그것은 현재를 즐기라는 말입니다.

존 키팅 : '현재를 즐겨라' , '시간이 있을 때 장미 봉우리를 거두라' 왜 시인이 이런 말을 썼지?

찰리 : 그건 시인이 성질이 급해서요.

존 키팅 : 땡, 대답에 응해준 건 고맙네. 왜냐하면 우리는 반드시 죽기 때문이다. 믿거나 말거나, 여기 있는 우리 각자 모두 언젠가는 숨이 멎고 차가워져서 죽게되지. (전시된 역대 선배들의 사진을 쳐다보며) 이쪽으로 와서 과거의 얼굴들을 지켜봐라. 여러번 이 방을 왔어도 유심히 본 적은 없었을 거다. 너희와 별로 다르지 않을 거야. 그렇지? 머리모양도 같고, 너희처럼 세상을 그들 손에 넣어 위대한 일을 할거라 믿고, 그들의 눈도 너희들처럼 희망에 가득 차 있다. 하지만 그 당시 그들의 능력을 발휘할 시기를 놓친 것일까? 왜냐하면 이 사람들은 죽어서 땅에 묻혀 있는지 오래다. 하지만 여러분들이 잘 들어보면

> 그들의 속삭임이 들릴 것이다. 자, 귀를 기울여 봐, 들리나? 카르페, 들리나? (작은 소리로)카르페, 카르페 디엠. 현재를 즐겨라. 인생을 독특하게 살아라!

현재를 즐기는 최고의 방법은 지금 이 순간을 즐기는 것이다. 그리고 지금 만나는 사람들과 함께 웃는 것이다.

Carpe Diem!!

31. 즐겁게 춤을 추다가 '오~ 베이비'

아 하~

한때 마가린 버터 3세 리마리오가 했던 '오-베이비~' 는 우리에게 웃음을 주는 말이다. 이것을 웃음퍼포먼스로 만나자.

퍼포먼스

노래 '즐겁게 춤을 추다가' 를 신나게 부르며 (음악을 이용해도 좋고, 기타를 쳐도 좋다) 웃음 공간을 돌아다닌다.

가사 '그대로 멈춰라' 에서는 움직임을 멈추고 가까운 사람과 리마리오의 '오~ 베이비' 를 약간 미끄러지듯이 말한다.

다시 노래를 부르며 신나게 돌아다니다 '그대로 멈춰라' 에서는 가까운 사람과 역시나 미끄러지듯이 '오~베이비' 를 말한다.

32. 즐거운 인사

아 하~

첫 만남의 시작은 인사다. 사람의 첫인상은 2초 만에 결정된다. 나의 첫인상을 오해받지 않기 위해 즐거운 인사를 하자.

퍼포먼스

서로 악수하고 웃퍼리더를 따라서 인사한다. '나는(나는) 그대만 보면(그대만 보면) 밥맛이 좋아(밥맛이 좋아)' 라고 인사한다. 자연스러운 웃음이 나온다. 두 번째로는 두 손으로 자신의 얼굴을 가리고 하나 둘 셋 하면 가렸던 손을 떼면서 웃음친구를 즐겁게 해줄 수 있는 표정이나 인사를 하면 된다. 잠시 생각하는 시간을 갖고 하나 둘 셋! 다양한 표정들로 인해 웃음 바다가 된다.

세 번째는 한 손은 악수, 다른 한 손은 상대의 볼을 살짝 터치하며 이렇게 말한다. '피부가 장난이 아닌데…' 네 번째는 인사말에 콩나물 대가리를 붙여서 인사한다. "안녕하세용" "반갑습니다용"

33. 알고 있습니다. 우하하하

아 하~

웃음그룹 별로 둥글게 서서 진행한다. 옆에 서 있는 웃음동료들을 칭찬하는 시간이다.

퍼포먼스

모두가 팔짱을 끼고 거만하게(약간 삐딱하게, 배도 내밀고, 다리도 약간 떨어주고) 선다. 웃퍼 리더가 먼저 오른쪽에 있는 웃음동료를 향해 양 손을 펴고 칭찬의 말을 한다.

예) 열정이 하늘을 찌르시는 분이십니다

마음씨가 비단보다 더 고우십니다.

칭찬의 말을 들은 오른쪽 웃음동료는 거만하게 이렇게 말한다. "알고 있습니다. 우하하하~" 조금 전 칭찬을 받고 "알고 있습니다" 라고 말했던 사람은 팔짱을 풀고 자신의 오른쪽 웃음동료에게 칭찬을 한다. 전체가 한 번씩 돌아가도록 진행한다.

웃음 퍼주기

칭찬할 때 '~인것 같습니다' 라고 하면 아닐 수도 있다는 뜻이 되므로 조심해서 사용하자.

34. 자부심 타이어에 바람을 넣자

아 하~

자전거를 타다가 바람이 빠지면 자전거포에 들어가 "아저씨! 바람 좀 넣을께요" 라고 말했었던 기억이 난다.

자부심은 '내가 나를 얼마나 좋아하는가' 하는 정도다. 심리학에서 자부심을 높이는 최고의 방법은 날마다 "나는 내가 좋다"를 외치는 것이라고 한다. 자부심으로 살아가는 우리는 우리 안에 자부심이 빠지지 않도록 늘 채워야 한다. 그 방법을 소개한다.

퍼포먼스

나는 내가 좋다.
나는 내가 좋다
나는 내가 정말 좋다.

웃음친구와 나란히 서고, 한 사람은 자전거 타이

어에 바람을 넣는 것 같은 포즈를 취한다.

웃음친구가 바람을 넣듯 펌프질을 시작한다. "으쌰- 으쌰-"

이렇게 바람을 넣는 시늉을 하면 다른 웃음친구는 자부심이 내 안에 들어오는 것 같은 퍼포먼스를 연출하며 '나는 내가 좋다' 를 계속 외친다.

점점 자부심이 충만해지는 몸짓과 표정을 연출한다.

웃음 퍼주기

요술풍선에 바람 넣는 작은 펌프를 준비해서 웃음친구 옆구리에 꽂고, 바람을 집어넣는 것도 재미를 더해준다.

35. 파워 퍼포먼스 "나는 행복하다"

아 하~

주어진 문장을 말하며 그에 맞는 동작을 한다. 개인적으로, 웃음그룹별로 진행이 되는 파워 퍼포먼스는 웃음으로 우리를 무장하게 만든다.

퍼포먼스

나는 행복하다.

왜?

나는 그 이유를 말할 수 있다.

나에게는 __________ , ______________ ,

그리고 __________ 이 있기 때문이다.

위의 문장을 나눠주고 빈칸은 자기 나름대로 채우도록 한다. 예) 나에게는 사랑하는 가족, 건강한 몸, 그리고, 나만의 꿈이 있기 때문이다.

나는

두 손으로 자신을 가리킨다.

행복하다

머리 위로 하트를 만든다.

왜?

어깨를 위로 올리고 손을 들어 표시한다.

나는

한 손으로 자신을 가리키고

그 이유를 말할 수 있다

자신을 가리킨 손을 앞으로 펴서 승리의 V를 그린다.

나에게는

두 주먹을 불끈 쥐고

사랑하는 가족

오른손 앞 찌르기

건강한 몸

왼손 앞 찌르기

그리고 나만의 꿈이 있기 때문이다

오른손을 힘차게 하늘로 뻗으며 외친다.

웃음 퍼주기

한 사람씩 개별적으로 발표하고, 웃음그룹으로 진행할 때는 '우리는 행복하다' '우리는 그 이유를 말할 수 있다'로 바꾸어 표현한다.

36. 1분 나눔

아 하~

이혼 위기에 처한 부부들을 보면 함께 있으려 하지 않고, 대화가 없으며 서로 상대방 탓을 하고 싸운다.

1분 나눔을 통하여 마음을 열고 대화하는 방법을 배우자. 좋은 대화 습관을 만들기 위해 날마다 노력해야 한다.

퍼포먼스

웃음친구와 마주 앉아 둘 중 한 명이 1분 동안 말하는 역할을 한다.

말하는 사람은 어떤 이야기도 좋다. 웃음친구를 보며 자신의 최근 경험, 지금 현재의 생각이나 웃음친구에 대한 이야기 등 내용은 상관없이 마음껏 1분 동안 이야기를 한다.

이때, 말을 듣는 사람은 1분 동안에 고개를 계속 끄떡여야 하고, 손도 한 번 정도 힘있게 잡아야 하며, 표정은 웃음친구의 한마디 한마디가 놀랍다는 표정을 지으며 이야기를 듣는다.

더 큰 재미와 교훈을 얻기 위해 위해서는 두 번 진행하는데 한 번은 이야기를 절대 듣지 않는 웃음퍼포먼스를 진행한다.

귀를 막거나, 눈을 감거나 웃음친구를 떠나 자리를 이동할 수는 없다.

그러나 상대의 말을 듣지 않아야 한다. 1분이 서로에게 길고 때로는 어색하게 느껴질 것이다.

그 후 역할을 바꾸고, 위에 소개한 대로 진행을 하면 서로에게 같은 1분이라도 좀 전과는 느낌이 다를 것이다. 1분이 왜 이리도 짧나 생각하게 된다.

선한 말은 꿀송이 같아서
마음에 달고 뼈에 양약이 되느니라
잠 16:24

37. 웃음 난타

아 하~

권투시합의 난타전을 하는 것처럼 마구 두드린다는 뜻을 가진 난타(亂打). 세계적인 명성을 얻은 넌버벌(non-verbal) 퍼포먼스 난타의 몇 가지 리듬을 따라해보자.

다함께 두드리고, 때리고, 외치는 퍼포먼스를 통해 하나됨과 스트레스를 확 날려버리는 시간이 될 것이다.

사용할 수 있는 난타 도구들로는 페트병과 난타봉(드럼 스틱), 주방도구(후라이팬, 냄비, 냄비뚜껑, 주걱, 수저 등), 스포츠 응원할 때 사용하는 난타봉(길고 바람을 넣어 양손으로 잡고 두드리는 것) 등이다.

북과 장고 등 몇 가지 사물놀이 악기도 준비하면 좋은 소리를 내는데 큰 도움이 된다.

퍼포먼스

A : 우선 월드컵 경기 때 붉은 악마의 응원 리듬을 배워보자.

우리나라가 공격할 때 (원 투 골 응원)

짝! 짝! 짝짝골!

수비 할 때 (이삼사 박수)

짝 짝! 짝짝짝! 짝짝짝짝!(손을 들며)한국!

연습 할 때 (일 이삼 박수)

짝! 짝짝! 짝짝짝! (고개를 앞으로)어! 어! (오른손 들어 올리며)워~~~ (왼손 들어올리며)워~~~~

B : 페트병을 양손에 들고 국악의 리듬으로 두드려보자.

부 호	구 음	연 주
	덩	양쪽 도구로 바닥을 두드린다.
	쿵	오른쪽 도구로 바닥을 두드린다.
	따	왼쪽 도구로 바닥을 두드린다.
	짠	양쪽 도구로 서로 두드린다.
	두르르르	양쪽 도구로 바닥을 마구 두드린다.
	휘리리릭	도구를 위로 던진다.

C : 표시 - 강 **/**, 약 /

예) **///**/// 강강강약약약

1번 : /// /// /// / / 2

2번 : /// /// /// / / 2

3번 : (점점 커지며) //// //// //// / / 2

4번 : 4글자로 된 구호를 웃음그룹별로 만들어 외친다.

예) 대한민국 ///// **하!**

1번 ~ 4번까지를 두 번씩 반복하여 진행한다.

웃음 퍼주기

누구나 쉽게 따라 할 수 있는 기존의 리듬이나 새로운 리듬을 웃퍼리더가 몇 가지 준비하여 흥겹게 웃음 난타를 펼칠 수 있도록 하자.

38. 그룹 파스

아 하~

TV 개그 프로 웃찾사 코너 중에서 그룹 싸스가 참 재미있다. 두 명의 잘 맞지 않는 파파파 개그는 사람들이 따라하기도 쉽고, 행동과 목소리 연기를 하는 것만으로도 재미를 준다.

퍼포먼스

내용 중에 두 손을 머리 위로 올려 박수를 치는 장면이 계속 나오는데 이때 "파! 파파! 파파! 파! 파파! 파파!" 하면서 소리를 낸다. 이것을 웃음소리로 바꾸어 내보자.

배에서 나오는 소리로 다 같이 동작도 따라하며 "하! 하하! 하하! 하! 하하! 하하!" 웃는다. 이때 배로 웃는 걸 잊지 말자.

웃음 퍼주기

간단한 대사도 만들어 그룹 파스를 결성해보자.

예) (좌향좌를 한 상태에서 두 손을 머리위에서

박수를 치며) 파! 파파! 파파! 파! 파파! 파파!

A : (낮은 목소리로 몸을 비스듬히 관객을 보며) 둘리야!

B : (역시 낮은 목소리로 비스듬히 관객을 보며) 왜 불러!

A : (역시 같은 목소리와 같은 자세로) 사람들이 나를 보고 정말 잘 생겼대!

B : 누가 그랬냐?

A : (약간 당황한 듯이) 많은 사람들이…

B : (다시 묻는다) 누가 그랬냐?

A : (당황한 듯한 모습을 보이며) 많은 사람들…

B : (다시 묻는다) 누가…

A : (B의 말을 자르며) 파! 파파! 파파! 파! 파파! 파파!

B : (누가 그랬냐? 를 끝까지 묻지 못하고 놀라서 A를 따라한다.) 파! 파파! ~

위와 같이 자신이 불리할 때 파! 파파!~ 로 말을 끊는 것이 재미를 유발한다.

둘만의 시간을 갖고 아! 하하!~ 로 넣어서 그룹 파스의 멋진 퍼포먼스를 기획한 뒤 웃음동료들 앞에서 공연을 해보자.

39. 웃음 패스

아 하~

다른 사람에게 웃음을 전달하는 것만큼 의미있는 일은 없다. 행복한 리더십인 해피쉽은 나와 다른 사람을 행복하게 만드는 능력을 가진 사람들을 말하는데 이들은 누가 더 많은 사람들을 기쁘고, 즐겁게 만드는지 내기(?)하는 사람들이다.

퍼포먼스

웃음그룹별로 둥글게 서고 공을 한 사람이 가진다. 공을 가진 사람이 자신의 웃음을 웃음동료들에게 보인 뒤 다른 사람에게 공을 던지며 웃음을 전달한다.

공을 받은 사람은 그 웃음을 이어받아 잠시 웃고 아무에게나 공을 패스하며 웃음을 전달한다. 이때 다양한 제스춰를 곁들여 공과 웃음을 함께 패스하면 더욱 즐겁다.

40. 따르릉 "전화 왔습니다"

아 하~

휴대폰이 생활화되기 전에는 외출하고 집에 돌아오면 제일 먼저 했던 말이 "나한테 전화 온 거 없어?" 였다. 친구가 날 찾아주거나 좋은 소식이 나를 기다려주기를 바랬던 것 같다. 누구나 받고 싶은 전화가 있을 것이다.

당신은 어떤 전화가 오늘 이 시간 걸려오기를 바라는가?

퍼포먼스

휴대폰을 꺼내 들고 나름대로 걸려오기를 바라는 기쁨의 전화를 생각한다.

한 사람씩 순서대로 진행되며 전화 벨소리가 들리면 순서대로 전화를 받고 어떤 전화가 걸려온 것인지 퍼포먼스를 진행한다. 소리를 내고, 마음껏 환호도 지르고, 기쁜 소식을 받은 후 좋아하는 모습을 연출한다.

예) 여보세요? 예? 제가 합격했다고요? 와- 아싸~
여보세요? 예? 제가 승진을 했다고요?! 이야-호!!!!

웃음 퍼주기

한 사람씩 진행할 때 자신이 정한 퍼포먼스를 펼치면 주위 사람들은 모두 같은 마음으로 기뻐하며 축하해준다.

전화 벨소리도 다양한 컬러링이나 전화 벨소리를 사용하여 효과를 주면 더욱 좋겠다.

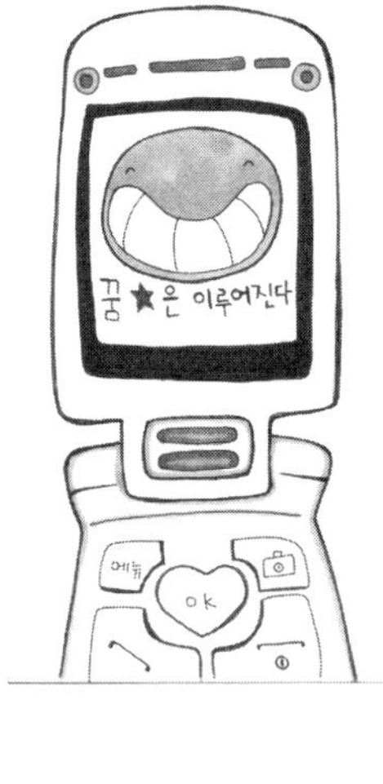

41. 펜을 입에 물고

아 하~

입꼬리를 올리는 것만으로도 웃음을 유발하며, 실제 웃는 것과 똑같은 효과를 우리 몸에 가져온다. 입꼬리 올리는 것이 쉽도록 도와주는 간단한 방법을 소개한다.

이 방법은 단순히 가지고 있는 펜을 입에 살며시 무는 것만으로 끝이 난다.

심리학자 쇼트랙은 이 방법으로 만화를 본 그룹과 그냥 만화를 본 그룹 중 입에 펜을 물고 만화를 본 그룹이 더 재미있었다는 평가를 내는 실험을 하였다.

퍼포먼스

깨끗한 펜 또는 나무젓가락이나 위생막대를 준비한다. 입에 살며시 물고 하- 하며 숨을 내쉬고 웃는 표정을 짓는다. 그대로 잠시 시간을 가진다. 기분이 좋아지는 것을 느낄 것이다.

웃음 퍼주기

감정이 그렇지 않더라도 신체에 변화를 주는 것만으로 감정이 따라 변한다는 것을 경험하게 된다.

먼저 몸을 웃게 만들라. 그러면 마음이 따라 즐거울 것이다.

42. what? 도대체 무슨 일이…

아 하~

멈춤 동작 하나를 보여주는 것으로 웃음동료들의 다양한 상상력을 자극한다. 과연 이 동작은 어떤 상황에서 나온 멈춤 동작일까?

하나씩 하나씩 나누면서 내가 보지 못한 것들을 보고, 나와 생각이 다른 웃음동료들의 생각을 들으며 다양해서 즐거운 우리를 만나보자.

퍼포먼스

웃퍼리더는 하나의 멈춤 동작을 잠시 보여준다. 이때 동작은 사실적으로 묘사되어야 한다.

당연히 표정 하나 까지 신경을 써서 표현한다. 잠시 보여준 뒤 웃음동료들에게 묻는다.

어떤 장면에서 나온 동작일까? 다양한 웃음동료들의 생각을 들어본 뒤, 웃퍼리더는 멈춤 동작에서 이어져 나오는 행동을 보여줌으로 어떤 동작이었는지를 알려준다.

예) 하늘을 보며 놀라는 표정을 짓는 멈춤 동작 -

도대체 무슨 일이?

웃음동료들의 대답 : 재채기가 나오려고 하는 것, 길을 가다가 원수를 만났다.

웃퍼리더의 답 : (하늘을 보는 장면에서) 으~아~~~ 갑자기 비가 내리면 어떻게?

바로 갑자기 내린 비로 놀란 장면의 멈춤 동작이었다.

이런 식으로 웃음친구와 각각 나눠보고, 팀별로 진행할 수 도 있다.

〈웃음 키워드〉

감탄

온 세상에 하얗게 눈이 내린 어느 날, 가족이 함께 조심스레 외출을 했다.

아파트에서 나와 길을 돌아내려 올 때 늘어선 나무들 위로 온통 하얀 눈이 아름답게 쌓여있는 것이 눈에 들어왔다.

순간 나는 "오- 예쁘다" 라고 말했다. 그때 나의 행동은 눈으로 보고 머리로 예쁜 것이라는 판단을 한 뒤 입으로 예쁘다는 표현을 한 것이였다.

그런데 바로 그 순간 내가 "오- 예쁘다"를 한 것과 동시에 사랑스런 딸 연우양이 박수를 치며 "와~~~~~~" 하고 감탄하는 것이 아닌가?

그 순간 스치는 생각!

나는 머리로 느끼고 입으로 말했는데, 아이는 가슴으로 느끼고 마음으로 감탄을 하는 구나를 느꼈다.

비슷한 이야기로, 할머니, 할아버지, 고모와 삼촌까지 온 가족들과 함께 차를 타고 가다가 군복무시절 지냈던 곳을 지나가게 되었다.

1km를 앞두고 방송을 하듯이 "지금 여러분은 잠시 후 곽동근님이 군시절을 보낸 곳을 지나가게 되겠습니다." 라고 말하고 바로 그 앞을 지날 때 큰소리로 "바로 바로 여기가 곽동근님이 군시절을 보낸 곳이었습니~~다~~~~~!!" 라고 외쳤다. 이때 두 가지 반응으로 나뉘었다.

다른 가족들은 아무런 반응도 하지 않고, 그곳을 바라만 봤다. 그러나 나의 사랑스런 딸 연우는 "박수를 치며 오와~~~~~ 라고 감탄하는 것이 아닌가?" 딸의 정확한 타이밍에 놀라워하며 감탄한 것에 온 가족이 한바탕 웃었다.

사실 그곳을 지나가는 것이 아무것도 아닌 일일 수 있다. 하지만 난 그렇게 재미와 의미를 두고 말했고, 딸아이는 감탄으로 반응해주었으며 온 가족이 배를 잡고 웃을 수 있었다.

행복한 순간이었다.

그 뒤로도 차를 타고 집에 까지 오면서 "지금 공원을 지나고 있습니다~~~" 라고 해도 "오와~~~"라고 했고, "여기는 학교 앞입니다~~~~" "지금은 백화점 앞을 지납니다~~~~" 해도 계속 "오와~~~~" 하다가 너무 많이 해서 지쳤는지 곧 멈췄다.

지금 가족들 앞에서 큰 소리로 "저는 우리 여보야~를 사랑합니다~~~" 라고 외쳐보라! 가족들의 반응이 어떨까? 실망하지 마라. 나부터 감탄을 시작하자. "저는 우리 여보야~를 사랑합니다~~~~ (내가 먼저 감탄하는 거다. 표정 신경 쓰고… 시작) 오와~~~~~~.

세상 사람들이 가장 많이 쓰는 말 중 3위가 영국말이고, 2위가 중국말 그리고 대망의 1위는 거짓말이라는 우스갯소리가 있다.

나는 감탄의 말이 1위 자리를 탈환해야 한다고 생각한다.

얼쑤~ , 지화자 조~오 타!, 브라보~, 원더풀~, 캡이다, 짱이다, 죽인다!, 캬~~!

방송인 김흥국처럼 감탄을 입에 달고 살자. 으아~~!
감탄은 우리를 웃게 한다.

43. 웃음과 함께 하는 국민체조

아 하~

학창시절 국민체조 할때 무표정한 얼굴로 선생님들이 시키니까 건성으로 따라 했던 기억이 난다.

그러나 여러 동작 중 마지막 부분에 다리를 양옆으로 벌리며 무릎을 구부려 앉았다 일어서는 동작에서는 재미있게 웃으며 했던 기억도 난다. 학창시절 이후 우리가 몹시도 그리워하는 국민체조에 재미를 더해 진행해보자.

퍼포먼스

사람은 얼마든지 웃음을 만들어 낼 수 있다. 코믹한 동작에서 코믹한 상황과 웃음이 나온다. 국민체조 노래와 함께 단체로 국민체조를 시작한다. 당연히 웃음 공간 앞에는 국민체조를 보여줄 시범단이 필요하다.

몇가지 동작을 웃음 시범단 리더의 진행으로 배운 뒤 음악과 함께 웃음으로 업그레이드 된 국민체조를 시작한다.

옛 기억을 살려보거나, 인터넷에서 국민체조를 검색하면 영상을 찾을 수 있다. 그 동작을 익힌 뒤, 각 동작을 크게 하거나 재미난 표정 등으로 연출하면 웃음 국민체조를 만들 수 있다.

얼굴도 마음도 몸도 함께 웃는 시간을 기대한다.

웃지 않는 청년은 야만인이요,
웃지 않는 노인은 바보다.
-조지 산타아나-

44. 추억의 동대문 놀이

아 하~

♬동동동대문을 열어라~!♪ 어린시절 마냥 즐겁게 놀던 추억의 놀이들이 있다. 그 중에 동대문 놀이와 웃음을 섞어보았다.

누구 맘대로? 내 맘대로…

왜? 마냥 웃고 싶으니까!

퍼포먼스

동동동대문을 열어라
남남남대문을 열어라
열두 시가 되면은 문을 닫는다

각 웃음그룹마다 앞 사람 어깨를 잡고 기차를 만든다. 웃음 공간에는 두 사람씩 짝을 이뤄 동대문을 만든 서너 개의 그룹이 있다.

다같이 노래를 부르며 기차는 맨 앞 사람의 인도로 동대문들을 통과한다.

이때 '문을 닫는다' 고 하면 동대문 역할을 하

던 두 사람이 잡고 있던 손을 아래로 내려 이때 지나가는 사람을 잡는다. 잡힌 사람도, 잡은 사람도 함께 웃기 시작한다. 다시 노래를 시작하고 반복한다.

웃음 퍼주기

큰 소리로 노래를 부르며 이동할 때 폴짝폴짝 뛰기도 하고, 춤을 추면 더 큰 즐거움을 누릴 수 있다.

45. 이를 닦자!

아 하~

333 하루 3번, 식후 3분 후, 3분 동안! 어릴 적부터 이를 닦는 캠페인으로 많이 들은 내용이다.

하루에 3번 이를 닦을 때 우리는 거울을 보며 아무 생각없이 닦는 경우가 많다. 이제 의도적으로 더 입을 크게 벌려 웃으며 닦아보자.

입 안도 상쾌하고 마음도 상쾌해질 것이다.

퍼포먼스

마임으로 진행한다. 거울을 보는 액션을 하며 이를 닦는 연기, 나름대로 리듬을 가지고 이를 닦는 연기, 웃음 공간을 다니며 웃음이를 번쩍번쩍 빛나게 닦아보자.

다양한 손동작으로 여러 가지 모양을 연출하며 닦는다.

46. 제자리 뛰기 '런닝 머신웃음법'

아 하~

운동을 생활화하자. 요즘은 집에 고가의 런닝 머신을 가지고 있는 집들이 많아진다. 운동에 대해 고민하고 걱정하며 없는 시간을 쪼개기 위해 구입한다.

TV 볼 때 멍하니 TV만 보는 것이 아니라 러닝 머신을 거실에 두고 러닝머신을 하며 TV를 보면 의미있는 시간을 보낼 수 있을 것이다.

퍼포먼스

마임으로 진행한다. 웃퍼리더의 신호에 따라 제자리 뛰기를 시작한다.

웃퍼리더 : 천천히 천천히…. 점~점~ …. 빠르게 빠르게…점점 빠르게 ….

웃퍼리더의 신호에 따라 제자리 뛰기를 하며 웃는다.

웃퍼리더는 다양한 상황을 주문하며 웃음동료들을 달리게 만든다.

예) 학교에 달려간다. 엄마가 보고 싶다.(달려라!
하니~ 엄마가 보고 싶음 달릴꺼야!)
애인이 100m 앞에 있다.
돈 떼먹은 X가 나타났다.

웃음 퍼주기

각각의 상황에 맞추어 웃으면 달리는 퍼포먼스를 진행해보자.

47. 우리 집에 왜 왔니?

아 하~

우리 집에 왜 왔니? 왜 왔니? 왜 왔니? 아무런 걱정 없이 정답게 뛰놀던 그 시절이 가끔 그리워진다.

퍼포먼스

(약간의 개사가 있음)

a : 우리 집에 왜 왔니? 왜 왔니? 왜 왔니?

b : 웃음꽃 찾으러 왔단다 왔단다 왔단다

c : 무슨 웃음꽃을 찾으러 왔느냐

d : OOO꽃을 찾으러 왔단다 왔단다

가사를 옮기다 보니 재미있는 생각이 들었다. 왜 노래말을 계속 반복할까?

한 번에 못 알아 듣는 사람이 이 당시 많았나? 하는 엉뚱한 생각이다.

두 팀으로 나누어 마주선 대형으로 선 뒤, 한 팀이 먼저 다가가며 a 가사를 부른다.

다른 팀은 뒤로 물러섰다가 a가 끝나면 b 가사를 하며 앞으로 나온다.

이런 식으로 c와 d를 주고받은 뒤 가위바위보를 한다. OOO꽃과 그 꽃을 찾으러 온 팀의 대표가 각각 앞으로 나와 멋지게 승부를 하기 전 웃음으로 분위기를 조성한다.

가위바위보에서 이긴 사람의 팀으로 진 사람이 이동한다.

〈웃음 키워드〉

터치

♬엄마~ 손은 약손~이다~♬

어릴 적 어머니가 우리들의 아픈 배를 만져주시며 부르시던 노래다. 당시 어머니의 손길을 기억하는가? 정말 다 나아버렸던 놀라운 약손의 위력! 그것이 바로 터치의 힘이다.

만나면 반갑다고 악수를 한다.

친한 친구끼리는 어깨동무를 한다.

사랑하는 사람과 팔짱을 낀다.

사랑하는 아기는 자꾸만 안아보고 싶고, 뽀뽀하고 싶다.

슬플 때는 사랑하는 이의 품에 묻혀 울고 싶다.

힘들어 하는 친구가 있을 때는 아무 말 없이 손을 꽉 잡아준다. 이산가족이 눈물로 상봉할 때는 찐한 포옹으로 인사를 나눈다.

포옹은 찐한 터치다. 포옹에는 우리가 알지 못했던 놀라운 효과가 숨어있다. 포옹을 할 때 세로토닌이 증가한다. 세로토닌은 사랑과 행복의 감정을 안겨주고, 또 기분을 좋게 하며, 생활에 활력을 준다. 흔히들 사랑을 하면 꽁깍지가 낀다고 하는 것이 바로 이 세로토닌의 효과다.

"MBC 실험쇼 진짜? 진짜!"에서 소개된 포옹은 100m 달리기를 한 운동 효과와 같다는 조사 결과를 보여주기도 했다. 그래서 포옹을 많이 하면 살이 쑥쑥 빠진다고 한다.

삶은 터치의 연속이다. 컴퓨터 자판, 마우스, 컵, 수저, 젓가락, 휴지, 자동차 핸들… 만나는 사람들과 악수, 친구들과 손잡고 즐겁게 등교하는 아이들, 즐거울 때, 잘 했다며 하이파이브, 힘내자며 손을 모아 하나 둘 셋 파이팅! 등… 우리 자신도 모르게 터치의 위력을 느끼고 활용하며 살아간다.

얼마 전 인터넷에서 인기검색순위를 차지했던 사연을 소개한다. 태어난 지 얼마 안 된 두 쌍둥이가 있었다. 한 아이는 몸이 너무 안 좋아서 인큐베이터 속에서 혼자 죽음을 맞이할 수밖에 없었다. 이 아이를 불쌍히 여긴 한 간호사는 병원의 수칙을 어기며 두 아이를 한 인큐베이터 속에 넣어 두었다.

갑자기 건강한 아이가 자신의 팔을 뻗어 아파하는 아이를 포옹하는 일이 벌어졌다. 그러자 놀랍게도 아픈 아이의 심장박동과 체온이 모두 정상으로 돌아와 건강을 되찾게 되었다고 한다.

손을 내밀어 누군가를 만져주자. 안아주자. 그리고 나의 행복을 그가 느끼도록 전달해주자. 터치를 통하여….

48. 괜찮아!

아 하~

도전 골든벨이라는 프로를 보면 아쉽게 50번 골든벨 문제에 거의 다가서 탈락하는 친구들을 많이 보게 된다. 탈락 전까지는 엄청난 실력으로 학교를 대표하며 친구들의 영웅이 되고, 골든벨을 울려 학교의 명예를 높일 학생임이 틀림없다며 자신 있어 한다. 그러나 안타깝게도 모두가 골든벨을 울리는 것은 아니다.

이럴 때 전교생의 반응은 어떨까? 모두가 하나 되어 외치는 한마디가 있다.

바로 '괜찮아!' 다. '모두 즐거웠다. 너 때문에 즐거웠다. 여기까지 온 것만도 정말 대단하다. 골든벨을 못 울렸어도 너는 사랑하는 내 제자다. 친구다. 딸이다. 아들이다.' 등의 의미가 담겨있다. 기쁨이 가득할 때는 모든 게 용서가 된다.

학창시절 성적표에 도장을 찍어서 학교에 가야 했을 때 부모님께 아무 때나 성적표를 보이지 않았다. 부모님이 즐거우실 때, 웃으실 때 기회를 놓치지 않고 성적표를 보여드렸다.

위기와 어려움에 처했을 때 이렇게 외쳐보라.
괜찮아! 괜찮아!

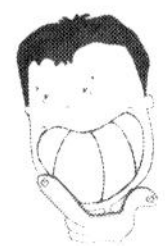

퍼포먼스

다양한 상황을 설정한 뒤 하나씩 선보이며 '괜찮아' 를 생활화해본다. 괜찮아를 말할 때는 웃음 표정으로 위 아래로 박수를 치며 보통 빠르기로 외친다.

"괜찮아! 괜찮아!"

예) 사장님! 중요한 서류를 두고 왔는데요!
앗! 발을 밟아 죄송합니다.
끼~익! 쿵! 괜찮으세요? 어디 다치신 데 없으세요?

이러한 상황들 속에서 당신의 반응은?
"괜찮아! 괜찮아! 괜찮아!"

웃음 퍼주기

왠만한 잘못은 모두 용서되던 때가 있었다. 바로 2002 월드컵 때이다. 열정과 흥분의 도가니 속에서 차 위로 올라가고, 접촉사고가 나도 대~ 한민국만 외치면 짝짝짝짝짝! 박수를 치며 웃었다.

그리고 주위 사람들도 '괜찮아, 괜찮아!' 를 외치며 분위기를 유도했다.

삶 속에 작은 실수들이 나를 찾아왔을 때 '괜찮아' 라고 외치며 웃어보자.

박수치며 "괜찮아!" 를 하루에 20-30회씩만 한다면 당신의 인생이 달라질 것이다.

청춘은 이유도 없이 웃는 법이다.
바로 그것이 청춘의 가장 중요한 매력이다.
-오스카 와일드-

49. 웃음 도미노

아 하~

하품이 전염되듯 웃음도 전염된다. 각양각색의 웃음들을 서로에게 전달하는 시간을 만들어보자.

퍼포먼스

웃음 공간에 모두가 하나의 큰 원으로 둥글게 선다.

웃퍼리더도 원 안에 들어가서 오른쪽 사람에게 웃음 하나를 굵고, 짧고 빠르게 보낸다.

그 웃음을 받은 사람은 자신의 옆 사람에게 빠르게 전달하고, 이런 식으로 한 바퀴를 빠르게 돌아 웃퍼리더에게 까지 오도록 한다.

웃음퍼포먼스 진행을 하고, 한 사람을 정해 시작~이라고 하면 옆으로 웃음을 전달한다.

다양한 웃음소리를 전달해본다.

다음에는 웃음 소리와 동작을 포함하여 전달한다. 코믹한 동작과 웃음소리를 모든 웃음동료들이 한 번씩 따라하며 전달하는 웃음이 가득한 시간을 즐긴다.

50. 난 나나나 ~ 슈와~!

아 하~

TV에 나오는 코믹동작을 따라 해보자. 당신은 즐거울 때 즐거움의 표현을 어떻게 하는가? 기쁠 때나 슬플 때 꾹 참는 사람도 있다. 너무도 유명한 말을 하겠다.

기쁨은 나누면 배가 되고, 슬픔은 나누면 사라진다. 맞나?

나만의 기쁨 표현을 만들어보자.

먼저 이것부터 배우고…

퍼포먼스

개그맨 이휘재, 방송인 탁재훈 등이 나오는 TV 프로그램 상상플러스를 보면 기쁨의 표현을 이렇게 노래한다.

“난 나나나 난난 나나나나~ 슈와~!

양팔을 가슴 높이로 들로 돌리며 난 나나나~ 를 노래한다. “슈와~” 에서는 몸을 위로 추켜세우며 고개도 뒤로 약간 젖히며 섹시미를 가미해 두 손을 아래로 내린다.

웃음 퍼주기

요즘 오락프로그램을 보면 다양한 표현들이 나온다. X맨에서는 '좋아송'과 '죽지않아송'이 유행이었다.

어린이들의 친구 방귀대장 뿡뿡이에서도 '잘했다 잘했다. 멋지다'라는 짧은 칭찬노래로 표현하고 칭찬하는 법을 가르친다. TV 속에는 웃음의 코드를 건드려주는 내용들이 많다.

이것들을 긍정적으로 활용할 수 있다면 삶에 웃음을 더하는데 큰 도움이 될 것이다.

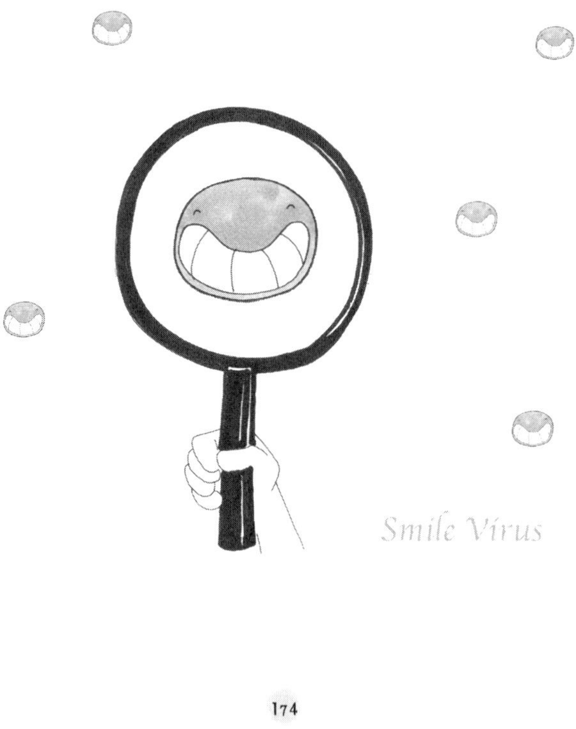

51. 큰소리 인사

아 하~

예전 성인영화에 대표적인 배우 이대근씨의 연기를 따라하는 배우들이 많았다.

그 대사는 '아니- 뭐야?!' 였다. 큰소리와 과장된 몸짓은 보는 이들로 하여금 웃게 만들었다. 사람들은 서 있을 때 빠르게 움직일 수 있고, 큰 소리로 말할 때 자신감이 충만해짐을 느낄 수 있다.

퍼포먼스

만나는 사람과 큰 소리로 인사한다. 정말 간단하다. 단지 큰소리로 말하는 것이 전부인 웃음퍼포먼스다.

직장에 출근했을 때나 학교에 등교했을 때 모임이 끝나고 모두가 헤어질 때 자신있는 목소리로 크게 인사를 나눠보라.

크게 소리 질러 에너지가 다 빠져나갔다고? 아니다. 에너지가 오히려 생기게 될 것이다.

평상시보다 볼륨을 높이고 목을 가다듬고 한

번 해보자. "안녕하십니까~~?!" "반갑습니다~~!" "잘 지내시죠~~?" "좋은 아침입니다~~!"

웃음 퍼주기

매릴랜드 주립대학교의 심리학과 및 신경과학과의 로버트 프로빈 교수는 「웃음: 그에 관한 과학적 탐구 Laughter: A scientific investigation」에서 재미난 실험을 한 이야기가 나온다.

그는 학교 주변에서 즐겁게 이야기 나누는 1,200명의 사람들을 연구 분석한 결과 사람이 가장 많이 웃을 때는 유머나 농담을 주고받을 때가 아니라, "잘 지냈어? 반가워? 어떻게 지내? 요즘 잘 나간다며?…" 등 일상적인 인사를 나눌 때라는 연구결과가 나왔다고 말한다.

그리고 농담을 듣는 사람보다 하는 사람이 1.5배 이상 더 많이 웃는다는 것도 발견했다.

더 많이 웃는 삶을 살고 싶다면 내가 먼저 다양한 인간관계를 가지고 인사를 많이 나누는 삶을 살자.

52. 나 잘났다. 우하하하

아 하~

인간관계에 칭찬이 좋다는 말은 수도 없이 들었다. 그래서 사람들을 칭찬하라는 말은 많이 하지만 정작 자신을 칭찬해본 적이 언제였던가 생각해보라.

이 시간 자신을 마음껏 칭찬하고 웃음동료들로부터 한껏 부러움을 한 몸에 받아보자.

퍼포먼스

웃음그룹으로 둥글게 서서 진행한다. 정해진 순서대로 한 사람씩 한 걸음 앞으로 나와 자신의 칭찬거리를 큰소리로 외친다.

예) 나는 키도 크다. 우하하하하하.

이렇게 자신의 칭찬을 하면 웃음그룹 전체는 너무도 부럽다는 듯이 최고의 부러움의 소리들을 한다.

예) 정말 좋겠다. 너무 부럽다. 와- 키가 큰데..
정말이다. 좋겠다….

한 사람씩 돌아가며 자신을 칭찬하면 웃음그룹

은 계속하여 최고의 부러움을 표현하라.

웃음 퍼주기

자신을 칭찬할 때 단언하는 것이 중요하다.

"나는 착하고 싶다" 가 아니라 "나는 무지 무지 착하다" 로 말하라.

웃음동료들은 용기내어 자신을 칭찬한 동료에게 박수와 함성, 감탄 등 최고의 부러움을 표현하자.

53. 웃음 랭귀지

아 하~

미국의 사회심리학자 앨버트 메라비언의 연구에 따르면 의사소통 시에 말의 내용은 7%밖에 전달되지 않고, 목소리와 제스츄어가 93%를 차지한다고 한다. 말이 아닌 제스츄어만으로 서로 마음이 통하여 대화를 나눌 수 있을까? 표현력을 높이는 연습을 해보자.

퍼포먼스

웃음친구와 마주 앉거나 서서, 한 사람이 먼저 제스츄어를 시작한다. 이때 말은 할 수 없지만 간단한 의미 없는 소리는 낼 수 있다. 서로 보디랭귀지만으로 약간의 대화를 나눈다.

다양한 연기, 언뜻 보기엔 둘이 잘 통하는 것 같기도 하고, 싸우는 것 같기도 한 다양한 모습들이 연출된다. 웃음 랭귀지가 끝나고 나면 서로 자리에 앉아 어떤 대화들을 나누었는지 이야기한다.

어느 커플들이 대화가 통했는지, 어떤 대화를 했는지 등을 전체에게 이야기한다.

54. 웃어봐요. 하!

아 하~

간단한 박수와 리듬이 섞인 웃음퍼포먼스다. 웃퍼리더의 리듬을 따라 말하는 것만으로도 즐거움을 느낄 것이다.

리더의 소리에 집중하며, 다함께 따라하는 통일된 동작으로 즐거움은 배가 된다.

퍼포먼스

기본 동작은 양손으로 무릎 한 번 치고, 손뼉을 친다. 이 동작을 반복한다.

웃퍼리더가 박수를 인도하다 '웃어봐요 하!' 하고 외치면 바로 이어서 웃음동료들이 그대로 따라한다. '웃어봐요 하!'

웃퍼리더: 하하 하하

웃음동료들: (따라서) 하하 하하

웃퍼리더: (빠르게) 히히히

웃음동료들: (따라서) 히히히

웃음 리더: 하하 히히 하하 히히 호호호호호

웃음동료들: (따라서) 하하 히히 하하 히히 호호 호호호

웃음 리더의 다양한 웃음소리와 박자를 잘 맞추어 진행하는 것이 중요하다.

웃음 퍼주기

다양한 목소리와 빠르기 조절 등을 활용한 진행을 하면 더욱 재미있다.

예) "높은 목소리로 하하하", "낮은 목소리로 허허허" 등… "최불암 목소리로 파!"

인원이 많더라도 가능하며, 웃음 공간이 협소하거나 책상으로 가득 찬 공간일지라도 쉽게 진행할 수 있다.

〈웃음 키워드〉

상상

"인간만이 무언가를 상상하며 그것을 그릴 수 있고, 그로 인해 웃을 수 있다." - 곽동근 -

이 시대의 모든 것은 과거에 인간이 상상해낸 결과의 집합이다. 우리 미래는 현재의 상상에 의해 만들어져갈 것이라고 확신한다.

아인슈타인 박사는 "상상이 지식보다 위대하다"고 말했다. 우리가 상상하면 그것은 현실이 된다.

심리학자 윌리엄 제임스는 "어떤 자질을 갖고 싶다면, 그것이 자신에게 이미 있는 것처럼 행동하라"고 했다. 바로 '척하기'를 하는 것이다. 이미 성공한 척, 갖고 싶은 습관을 이미 가진 척 행동하라는 뜻이다.

우리의 상상에는 커트라인이 없다. 마음껏 상상하라.

눈을 감고 차분하게, 많이 웃을 수 있는 상상, 참 잘 웃고 행복한 자신의 모습 등을 마음껏 상상하라.

이미 행복한 나, 늘 웃는 나, 건강한 나를 상상하고 눈을 뜨라. 그리고 그러한 모습을 이미 가진 것처럼 행동하기 시작하라.

누구나 알지만 아무나 믿지 않는 진리!

"우리는 상상한 대로 된다."

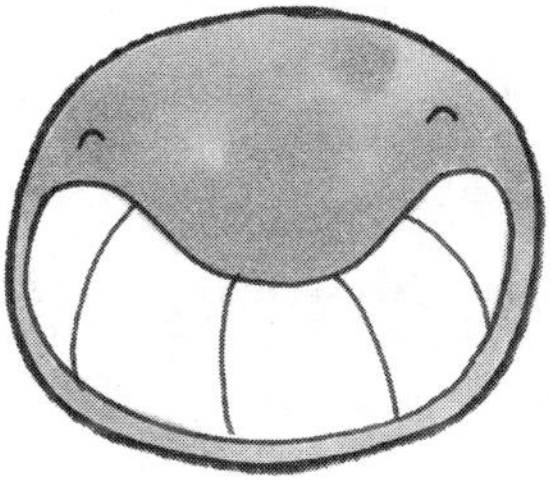

상상★은 이루어진다

55. 웃음 지휘자

아 하~

오케스트라를 멋지게 지휘하는 지휘자의 모습을 떠올려보라. 어떤 표정, 어떤 자세, 어떤 행동을 하는가? 수많은 악기들을 지휘하는 지휘자가 되어 멋진 웃음을 연주해보자.

퍼포먼스

웃음공간에 연주음악을 틀고, 각자의 위치에서 연주곡을 지휘하는 퍼포먼스를 한다. 음악에 몸을 맡기고, 점점 빠져들어간다. 음악의 강약, 고저에 따라 자유롭게 지휘한다.

음악을 선곡할 때는 유명한 연주곡이어야 효과가 좋다. 빠른 비트의 곡을 선곡하는 것도 잊지 말 것. 잔잔한 연주곡으로 웃음 지휘를 진행할 때는 음악과 어울리는 잔잔한 미소로 웃는다.

웃음 퍼주기

일본 지휘자 오자와 세이지의 영상을 보기를 권한다. 정말 즐거움이 가득 넘치는 표정과 몸짓으로 지휘하는 그의 모습에 반하게 될 것이다.

56. 웃음 발차기

아 하~

허공을 향해 발차기를 해 본적이 언제였던가? 어렸을 적에는 왜 그리도 싸움놀이가 재미있었던지 매일같이 치고 때리는 싸움놀이를 하며 놀았다.

이 글을 읽는 것을 잠시 멈추고 자리에서 일어나 가슴높이로 발차기를 해보자. 느낌이 어떤가?

퍼포먼스

발차기에는 요령이 필요하다. 먼저 무릎을 든 뒤, 이어서 발을 앞으로 뻗는다. 앞 차기, 옆 차기, 돌려차기, 날아차기 등을 하면서 다시 발을 제자리로 왔을 때 하! 하며 큰 웃음기합을 한 번 날린다(이때 멋진 표정에 신경쓰며…).

웃음친구가 손을 높이 들고 있으면 앞차기로 때려보는 것도 시도해보라.

웃음 공간을 돌아다니며 발차기와 웃음 기합을 계속 넣어보라. 스트레스는 우리의 발차기에 KO 당할 것이다.

57. 손등 터치- 게임 & 웃퍼

아 하~

게임과 웃음퍼포먼스의 차이를 보여주는 두 가지 프로그램을 진행해보자.

예전에 한두 번쯤은 해보았을 만한 손등 때리기 게임을 통하여 재미를 주고, 비슷하지만 다른 웃음퍼포먼스로 진행할 때는 건강과 함께 더 큰 즐거움을 준다.

퍼포먼스

게임 : 웃음친구와 왼손을 악수하듯 잡는다. 가위바위보로 이긴 사람이 진 사람의 손등을 때린다. 이때 진 사람은 때리지 못하도록 손바닥으로 막을 수 있다. 비기면 다시 가위바위보를 한다.

웃퍼 : 역시 웃음친구와 왼손을 악수하듯 잡고, 가위바위보를 하는데 이긴 사람이 진 사람의 손등을 때리는 것은 같다. 그러나 진 사람은 자신의 손등을 막을 수 없고, 가만히

맞기만 한다. 비겼을 때는 두 사람이 동시에 서로의 손등을 때린다. 이때는 때리는 것이 아니라 사랑하는 웃음친구를 위해 건강 맛사지를 해주는 것이란 설정을 갖는다.

웃음 퍼주기

"내 앞에 있는 웃음친구를 정말로 사랑하십니까? 사랑한다면 우리가 해야 할 것은 사랑한다 사랑한다 사랑한다 하루 세 번 말해주는 것과 그 친구의 건강을 위해 사랑의 맛사지를 해주는 것입니다. 끝났을 때 나의 손등이 시뻘겋다면 나의 웃음친구는 나를 사랑하기 때문에 세게 마사지 해준 것이라 생각하면 되겠습니다. '고맙다 친구야!' 라고 말하세요. 시작~"

58. 입꼬리를 올려봐!

아 하~

우리는 어떤 말을 하느냐에 따라 표정과 마음 상태가 변한다.

짜증, 열 받아, 기분 나빠, 재수없어, 더러워….

행복해, 사랑해, 신난다, 즐거워, 고마워, 멋쟁이…

위의 내용을 읽어보라고 하면 누가 시키지 않아도 단어에 담긴 뜻대로 표정을 짓는다.

부정적인 단어는 자연스럽게 인상을 찌푸리게 된다. 하지만 반대로 긍정적인 단어를 말할 때는 표정도 마음도 밝아진다.

예전에는 사진을 찍을 때나 서비스 교육 때 흔히 '위스키~', '개구리 뒷다리~', '와이키키~' 등을 사용했다.

이제는 단어 자체에 즐거움이 담긴 말로 바꾸어 해보자.

퍼포먼스

"자- 입 꼬리를 양손가락으로 올리시면서 따라 합니다."

웃퍼리더의 말을 따라하며 크게 웃음 짓는다.

기쁘**게**~ , 즐겁**게**~, 신나**게**~, 뿅가**네**~, 재밌**게**~ 등…. 즐겁고 행복한 단어들을 말하며 입 꼬리를 올려보자. 진하게 표시한 마지막 글자에서 입 꼬리를 올린다.

웃음 펴주기

양 손가락으로 입 꼬리를 올리면서 진행하다가 어느 정도 지나면 손바닥을 펴서 얼굴 가까이 대고 위로 올리며 더 큰소리로 즐겁고 행복한 단어들을 말해보자. 입 꼬리가 끝을 모르고 찢어진다. 어? 어?

그대의 마음을 웃음과 기쁨으로 감싸라.
그러면 1천 해로움을 막아주고 생명을 연장시켜 줄 것이다.
– 윌리엄 셰익스피어 –

〈웃음 키워드〉

용서

"그 놈이 한 일을 생각하면 절대로 용서할 수 없어!"

위대한 인생을 살기 원하는가? 그렇다면 용서하라.

외다리 보험 세일즈 왕으로 이름난 조용모씨는 27세에 뺑소니 교통사고를 당해 다리 하나를 잃었다.

당시 뺑소니 운전자에 대한 원망과 분노로 복수심에 불타 살면서 표창 10개를 가지고, 사람 사진을 벽에 걸어 눈에 두 개, 나머지 8개는 심장에 꽂도록 매일 연습했다고 한다.

얼마나 많은 연습을 했으면 뒤돌아 던져도 그렇게 맞출 수 있었다니 자신을 그렇게 만든 사람에 대한 복수심이 어떠했을지 알 수 있는 대목이다.

그런 그가 어머니의 사랑을 통해 변하고, 성공한 인생을 이룬 뒤 뺑소니 범인을 알게 되었다. 15년이 지난 때이다.

조용모씨는 "그는 이미 나름대로 벌을 받고 있었다"고 말한다. 술에 절어살고, 아내도 없고, 온통 멍투성이인 두 아이들이 가게에 와서 술을 달라고 하니, 가게 주인이 외상값이나 갚으라며 아이들에게 욕설을 퍼붓는 걸 보며 그냥 돌아왔다.

그 뒤 아이들이 눈에 아른거려 아이들의 친인척을 찾아 모든 후원을 해주겠다고 이야기하고, 12년 동안 그 아이들을 후원하고 있다는 이야기를 들었다. 이때 300명이 넘는 사람들이 감동의 박수를 쳤다.

만일 "그 놈을 찾아가 표창을 날려 눈과 심장에 박았습니다." 라고 했거나 "도저히 용서할 수 없는 그 놈을 심판했습니다" 라고 했다면 어땠을까?

용서한다는 것은 무척 어려운 일이다.

그러나 나 자신을 위해 용서하라! 용서는 나를 자유롭게 하는 보증수표다.

그리고 나아가 용서를 구하자. 아내에게 용서를 구하는 남편, 자녀들에게 용서를 구하는 부모를 보았는가?

"이번 세미나에 참석 후 내가 그동안 너희들에게 잘못을 많이 했다는 것을 깨달았다. 너희들이 얼마나 힘들었을지 생각하니 참 미안하구나. 내 잘못된 생각으로 너희들을 함부로 대했던 모든 것을 용서해주길 바란다."

대단한 용기를 가진 아버지다.

바로 그 순간 십 수년 간의 갈등이 해소되어 가족이 마음껏 울며 웃었다는 가족도 여럿 보았다.

괜찮아요. 괜찮아요.

당신을 용서합니다.

용서해주세요.

용서하고 용서를 구하는 위대한 삶을 살자.

59. 두두두두두!!!!! 나는 람보다.

아 하~

제목만 들어도 이미 과거의 에피소드들이 떠오르는 분들이 있을 것 같다. 많은 사람들 앞에서 혼자 있을 때는 도저히 상상도 할 수 없는 사건(?)들을 친구들과 함께 있기에 일으켰던 일들이 참 많다.

그 중 '나는 람보다' 후편으로 나온 '나는 코만도다' 까지! 전쟁 신을 연출해야 하는 블록버스터(?) 웃음퍼포먼스를 만나보자.

퍼포먼스

실제로 '나는 람보다' 는 친구들과 지하철 역에서 가위바위보를 해서 진 사람이 열차 안으로 뛰어들어가 (입으로) 두두두두두두~~~!!! (큰소리로) 나는 람보다! 를 외치고 문이 닫히기 전에 빨리 내리는 것으로 끝난다.

가끔 친구들 중에는 내리지 못하고 문이 닫혀 사람들의 눈총을 받으며 다음 역까지 타고 갔다는 이야기도 들은 적 있다.

지하철 역에서가 아닌 웃음그룹 동료들을 세워 놓고, 람보가 되는 것이다. 이때 쏘는 총은 맞으면 웃음이 나오는 웃음 총이다. 한 명의 웃음 람보를 정한 뒤 웃음그룹 동료들을 향해 발사한다.

람보의 화려한 전쟁 개인기(엎드리고, 구르고 등)를 펼쳐 보이며 웃음총을 쏜다. 이때 웃음 총에 맞는 웃음동료들의 연기도 꽤 볼만 하다. 상상만으로도 기대가 되지 않는가?

웃음 퍼주기

웃음 총만이 아니라, 웃음 바주카포, 웃음 수류탄 등 최신예 병기들도 사용할 수 있다. 다 죽었어~!

60. 웃어요. 웃어 봐요.

아 하~

상대방으로부터 내가 원하는 반응이 오지 않았을 때 나는 어떻게 하는가? 이럴 때 유머가 필요하다. 그러나 유머는 적절한 타이밍과 센스를 갖추어야만 발휘될 수 있는 고난도의 기술을 요한다. 그렇다면 이 방법을 사용해보면 어떨까?

퍼포먼스

A : 야! 많은 사람들이 곽동근 보고 꽃미남이래?!

B : 뭐야? 짜증나… 그래서?

A : (바라던 반응이 아니면 오석준의 노래 웃어요. 후렴을 부른다.) ♪웃어요 웃어봐요♬

B : (함께 고개도 흔들며 따라 부른다.) 아하! 웃으라고? ~~♪웃는 게 좋은 거죠!

상황이 여의치 않으면 바로 이 노래를 부르자.
♬웃어요~ 웃어봐요~ 모든 걸 잊고서
웃어요~ 웃어봐요~ 웃는 게 좋은거죠!
박수를 곁들이며 부르자. 웃어요~!♪♪

61. 웃음 Q&A

아 하~

창의력을 발휘해보는 시간이다. 우습기도 하고, 엉뚱하기도 한 질문에 대해 답을 하는 것이다.

단, 답 안에 꼭 넣어야 할 단어를 받는다. 이 단어를 넣어서 질문에 대한 창의적이고 웃음 넘치는 답변을 해보자.

순발력을 높여주며, 창의적인 답변들로 인해 많이 웃는 시간이 될 것이다.

퍼포먼스

웃퍼리더가 사람들에게 웃음 질문을 던진다.

예) 질문 : 사람들은 자면서 왜 코를 골지요?

제시된 단어 : 빵

답변 : 코를 고는 사람과 같이 잘 때는 빵으로 코를 막아버리고 싶기도 한데 사람들이 코를 고는 이유는 …입니다.

질문 : 겨울에는 왜 꽃이 피지 않을까요?

제시된 단어 : 도둑

답변 : 도둑이 경찰을 피해 달아나듯이 꽃들은 추위를 피해 도망가 버리는 거랍니다.

웃음 퍼주기

웃음그룹별로 진행해도 좋고, 한 사람씩 나와서 질문과 단어를 던지면 웃음동료들과 창의적인 여러 생각들을 나눌 수 있겠다.

단, 머리 쓰는 것을 싫어하는 사람은 사람들이 답하는 내용을 듣기만 해도 웃을 수 있을 것이다.

웃음은 마음의 치료제일 뿐만 아니라
몸의 미용제이다.
당신은 웃을 때 가장 아름답다.
-칼 조세프 쿠 쉘-

62. 킹콩

아 하~

어린 아이들은 어른들에게 자주 덤빈다. 힘도 약한데 포기하지 않고 계속 계속 달려들어 끝까지 이기려고 한다.

나는 킹콩 또는 괴물처럼 괴성을 지르며 조카들에게 쿵쿵 소리를 내며 다가가고 웃음에 가득 찬 조카들은 벽으로 몰려 소리를 지른다.

나의 공격이 시작되면 까르르르~ 웃으며 옆으로 피해 또 달아난다. 일부러 달아나게 하는 것은 모든 삼촌들의 배려다.

자, 커서 킹콩놀이를 하면 어떤 즐거움이 있을까? 사람은 자신이 다른 사람보다 강하다고 느낄 때 웃음을 짓는다는 사실을 염두해 두고 진행해 보자.

퍼포먼스

한 사람을 킹콩으로 정한다. 킹콩 역할을 하는 사람은 괴성을 지르며 위협적인 걸음으로 웃음 공간을 누비고 다닌다.

이때 다른 웃음동료들은 킹콩을 피하기도 하고, 조심스럽게 공격하기도 한다. 공격을 할 때는 킹콩의 힘에 반에 반에 반도 못 미치는 정도의 힘과 스피드로 공격한다.

킹콩은 다 막아내며 맞아도 끄떡없다. 웃음동료들을 집어던지고, 때리고… 당연히 슬로우로, 천천히… 킹콩 영화를 한편 다시 찍는 시간이라 생각하고 신나게 놀아보자.

웃음 퍼주기

인원이 많을 때는 킹콩의 숫자를 늘려서 진행하면 더욱 즐겁게 진행할 수 있다.

웃음이 없는 진리는 진리가 아니다.
오늘 가장 좋게 웃는 자는 역시 최후에도 웃을 것이다.
-니체-

〈웃음 키워드〉

책임

"내가 그런 게 아닌데… 그건 바로 당신 때문이야! 아- 그건 말이지요… 누가 그랬어?"

삶을 살아가며 핑계와 변명을 입에 달고 사는 사람이 있다. 끝까지 책임을 인정하지 않고 어떻게든 자기 잘못이 아니라고 말하는 사람들은 다른 사람을 비난, 불평하며 웃지 못하는 삶을 산다.

겨울철에 얼어있는 길을 가다 미끄러져 넘어지는 사람들이 많다. 벌떡 일어나 인상을 찌푸리며 주위를 둘러본다. 원망의 대상을 찾는 것이다. 그러다 아무도 없으면 얼음을 발로 쎄게 차고 가던 길을 간다. 넘어진 것은 얼음 때문이지 내 책임이 아니라는 것이다.

누군가를 원망하고 싶은 것이다. 우리는 원망과 불평이 습관화 되어있지는 않은지 생각해 보아야겠다.

주일 아침 교회를 가야하는데 남자인 나는 일찍 준비를

마쳤고, 아내는 씻고, 화장을 하는 중이었다. 재촉하지는 않았지만 이 옷 입었다가 저 옷 입었다가 하는 아내를 보며 약간 투정이 일었다. 그러나 천성이 착한 나는 아무 말하지 않고, 준비를 마친 아내를 보며 '자- 이제 빨리 버스 타러 가자' 고 말했다.

버스 정류장까지 5분 정도 걸어 도착했는데 바로 앞에서 잘 오지 않는 버스가 바로 출발해 버렸다. 그 순간 나는 아내를 향해 "아- 빨리 준비했으면 늦지 않았을 거 아니야?" 라고 큰 소리로 말하지 않고(솔직히 이런 생각은 들었음) 버스를 놓쳤네…(어쩔 수 없는 상황에 책임을 진 것임) 라고만 말했다.

다음 버스가 7-8분 정도 지나 도착했고, 아내와 대화를 나누면서도 교회에 지각을 할까봐 마음이 조마조마했다. 그런데 20분 쯤 갔을까… 우리가 탄 버스가 바로 정류장에서 놓쳤던 앞 버스를 앞질러 가는 것이 아닌가. 그 뒤로도 한참 차이가 났고, 우리는 늦지 않고 교회에 도착할 수 있었다.

만일 버스를 놓쳤을 때 아내 때문이라고 불평을 했다면 앞 버스를 추월하는 그 순간 얼마나 요즘 말로 '뻘쭘' 했을까!

교통법규를 어겼을 때도 자신의 잘못임을 순순히 인정하고 책임지려는 태도를 보이면 교통경찰이 봐줄 때가 많다.

인생은 어떻게 전개될지 모르는 안개 낀 길과도 같다. 안개가 뿌옇지만 책임을 지는 인생은 라이트를 켜고, 튼튼한 길로 안전하게 나아가는 성공인생의 정석이다.

63. 웃음 헬스클럽

아 하~

단체줄넘기를 진행한 적이 있는데 10명의 사람들이 목표인 10개를 하지 못하고 계속 한두 사람의 발이 걸렸다. 서로 뛰는 사람과 줄을 돌리는 사람이 문제라며 조절하고 있었다.

이때 제안한 것이 상상 줄넘기였다. 줄을 가상으로 돌리고 있다고 가정하고, 10명의 팀원들이 점프를 했다.

몇 번의 완벽한 가상 연습 후 실제로 줄넘기를 했을 때 20개를 완성하는 모습을 보았다. 이미지 트레이닝이라는 것은 스포츠선수들이 많이 사용하는 방법이다.

운동을 하는 몇 가지 상황을 가상으로 만들어 보자.

퍼포먼스

웃음공간을 가상의 헬스클럽이라고 가정한다. 각자 웃음동료들은 자신들이 운동을 하고 싶은 기구들로 이동하여 다양한 운동을 하는 모습을 연출하면 된다.

서로 이야기도 나누면서 진행하고, 운동을 하면서 웃음을 유지하는 것은 기본이다.

예) 가상 훌라우프 돌리기, 가상 역기, 가상 줄넘기, 가상 런닝머신, 가상….

64. 배치기 웃음법

아 하~

웰빙이란 화두로 수없이 많은 건강정보가 끊임없이 쏟아져 나온다. 생활 속 간단한 건강법으로 많은 사람들이 추천하고 탁월한 효과를 보고 있는 배치기 또는 장튼튼 체조를 소개한다.

퍼포먼스

어깨너비만큼 발을 벌리고 무릎을 약간 구부려 기마자세로 선다. 자연스럽게 호흡하면서 양손바닥으로 배꼽주위(단전)를 세게 친다. 한 번 치고, '하' 하고 소리 내어 웃는다. 정한 숫자를 모두 치고 나면 손바닥으로 배를 쓰다듬는다. '기분좋다' 라고 말하며 내 몸의 느낌을 느껴보자.

웃음 퍼주기

전문가들은 배치기를 500~1,000회까지 하라고 권한다. 배치기 웃음법은 소화불량과 변비, 두통에 효과가 있다. 아랫배를 두드릴 때 발생하는 진동으로 장기노폐물을 제거하고 기력과 정력까지 강화시켜주는 건강운동법이다.

65. 감정 대폭발

아 하~

"저 사람은 법 없이도 살 사람이야~" 라는 말을 많이 듣는 사람들이 암에 걸릴 확률이 높다고 한다. 자신의 감정을 표현하지 못하고 속으로는 아닌데 그냥 참고 또 참는 사람들이 있다.

이 시간 기쁘면 기쁨의 표현을 폭발시켜보자. 화나는 일이 있었다면 화로서 폭발시켜보자.

내 안에 가두어두었던 감정을 속 시원하게 터뜨려보자.

퍼포먼스

자신의 어떤 감정을 폭발시킬지 생각한 다음 웃음친구와 함께 서서 20초간 마음껏 감정을 폭발시킨다.

두 사람이 동시에 진행하는데 이때 서로를 의식하거나 상대를 향해 말을 걸며 터치할 수는 없다. 앞을 바라보고 가상의 인물을 향해 허공에 대고 외친다.

규칙은 빠르고 크게 소리쳐야 한다는 것이다.

웃퍼리더는 각각의 웃음친구들이 20초씩 마음껏 감정을 폭발할 수 있도록 분위기를 조성하고, 20초가 되면 호각이나 종을 쳐서 끝낸다.

각 웃음동료들이 20초씩 전체로 한 번 내지 두 번씩 순서대로 감정대폭발을 진행한다.

웃음 퍼주기

주의할 점은 감정을 폭발시키라고 욕이나 음담패설을 해도 된다는 것은 절대 아니다.

19세 미만관람불가의 언행은 금지한다.

66. V자로 나는 기러기 떼처럼

아 하~

조류 학자들에 의하면 V자형의 대열을 지어 날아가는 기러기를 통하여 몇 가지 교훈을 얻을 수 있다고 한다.

첫째, 기러기는 혼자 나는 것보다 떼를 지어 날 때 71% 더 오래 날 수 있다는 것이다.

둘째, 기러기는 V자형으로 날아간다. 공기대가 형성되어 뒤따르는 기러기들이 날기 쉽게 하기 위해서이다. 선두에 선 기러기는 빨리 지친다. 그래서 기러기들은 위치를 바꾸어 가며 난다.

셋째, 기러기들은 날면서 계속 운다. 힘들어 지르는 비명이 아니라 자기의 위치를 알리고 서로를 격려하는 나팔 소리 같은 것이다.

넷째, 만일의 경우 기러기 한 마리가 부상을 당하여 함께 여행을 계속하지 못할 경우 반드시 동료 기러기가 이 낙오한 기러기와 함께 남는다.

퍼포먼스

웃음그룹별로 V자 대형으로 선다. 각각의 웃음리더들이 맨 앞에 서고 모두 양손을 펼쳐 날개짓을 하는 자세를 취한다.

기러기처럼 날아라! 웃음퍼포먼스가 본격적으로 시작이 되면 모두 제자리에서 나는 시늉을 하고 각 그룹의 웃음리더가 자신의 목표를 이야기한다.

예) 나의 목표는 ~~~~입니다. 꽤~액 꽤~액!!!!!

다른 웃음동료들은 다양한 소리를 내며 웃음리더의 목표를 격려하고 웃음리더를 칭찬한다. 칭찬을 받은 리더는 뒤로 빠지고 다른 리더가 서고 똑같이 진행된다.

웃음 퍼주기

웃음그룹별로 무대에 나와 그룹을 한 사람씩 소개해야 할 때는 앞에선 웃음리더가 자신의 간략한 소개를 하고, 뒤에 서있는 동료들이 다양한 칭찬을 던지며 각각의 웃음동료들을 전체에 소개하는 것도 새롭고, 재미난 방법이다.

67. 뽀뽀뽀

아 하~

다함께 뽀뽀뽀 노래를 박수치며 부르자. 많은 사람들이 알고 있는 뽀뽀뽀 노래를 웃음소리로 바꿔 불러보자.

1. 아빠가 출근할 땐/뽀뽀뽀/엄마가 안아줘도/뽀뽀뽀
   만나면 반갑다고/뽀뽀뽀/헤어질 땐 또 만나요/뽀뽀뽀
2. 엄마가 예쁘다고/뽀뽀뽀/아빠는 귀엽다고/뽀뽀뽀
   아침에 일어나서/뽀뽀뽀/저녁엔 꼭 잘자요/뽀뽀뽀

후렴 : 우리는 귀염둥이/뽀뽀뽀 친구/뽀뽀뽀 뽀뽀뽀/뽀뽀뽀 친구

퍼포먼스

웃음친구와 마주 보고 노래를 부른다. 뽀뽀뽀 대신 하하하/호호호 등으로 바꾸어 부른다.

자신의 손뼉 한 번, 웃음친구의 양손뼉을 순서대로 치면서 노래를 부른다.

'뽀뽀뽀' 란 가사를 부를 때는 웃음친구와 손뼉

을 네 번 짝짝짝짝 친다.

후렴 우리는 귀염둥이를 부를 때는 귀엽게 자신을 손가락으로 가리키며 부른다.

뽀뽀뽀 뽀뽀뽀 뽀뽀뽀~ 친구! : 내 손뼉이나 웃음 친구 손뼉을 치면서 웃는다.

〈웃음 키워드〉

용기

세상을 향해 웃을 수 있는 용기를 가지고 나아가라.

영화 트로이의 인상 깊은 대사를 소개한다.

데살리와 그리스의 전쟁에서 양군이 대치하여 섰다. 이때 그리스의 왕 아가멤논이 뜻밖의 제안을 한다.

아가멤논: 내가 제안 하나 하지. 자네와 나의 최강의 전사들끼리 싸우는 거야.

데살리 왕: 내 전사가 이기면?

아가멤논: 깨끗이 물러나지.

데살리 왕: (큰 소리로) 보아그리우스!!

수적으로 열세였던 데살리는 최강의 전사 보아그리우스가 등장하자 큰 힘을 얻고 함성을 지른다.

아가멤논: (큰 소리로) 아킬레스!!

그러나 아킬레스는 출전하지 않았다.

시종을 시켜 아킬레스를 부르러 간다.

아킬레스는 왕의 부름을 받고 말 위에 오른다.

이때 꼬마 시종이 “저는 당신이 싸워야 할 적을 봤어요. 그는 대단히 큰 사람이었어요. 전 그런 사람과는 싸우고 싶지 않아요.” 라고 말하자 아킬레스는 “그게 바로 세상이 너를 기억하지 않는 이유란다.”라고 말하며 전장으로 향한다. 용기를 가지고 도전하는 자만이 비로소 웃을 수 있는 기회를 가진다.

용기 있게 행동하는 것만으로도 당신은 이미 용기 있는 사람이 된다.

삼국지에서 조자룡이 소수의 정탐부대를 이끌고 조조를 정탐하러 갔다.

하나의 산을 넘자마자 조조의 대군을 만나게 되었는데, 갑자기 뒤돌아 도망가자니 너무 가까운 거리였다.

위기의 순간, 조자룡은 자기 부대에게 명령한다.

“전체 말에서 내려라. 그리고 안장을 벗겨라.”

그리고는 조조에게 큰 소리로 웃으면서 말한다.

“이놈 조조야! 어서 이리 오너라! 우하하하하”

조조는 섣불리 공격하지 못했다.

산 뒤에 대군이 있을지 없을지 도무지 알 수가 없었다.

너무 당당하고 자신 있어 하는 태도와 웃음에, 섣불리 어떻게 하지를 못한다. 시간은 흘러 어두워지기 시작하자 조조는 퇴각을 한다.

조자룡의 기지와 담대함을 볼 수 있는 대목이 아닐 수 없다. 만약 조자룡이 도망갔다면 전체가 조조의 대군에 몰살당했을 것이다. 하지만 용기와 자신 있는 웃음으로 인해 조조의 기를 꺾었다.

우리는 삶의 순간순간 위기를 만난다. 그때 마다 우리는 어떻게 반응을 해야 할까?

위기 속에서 나오는 웃음은 상황을 바꾸는 놀라운 힘이 있다. 용기에서 웃음이 나오지만 웃음이 또한 우리를 용기있게 만든다.

삶의 어려운 순간에 용기를 내어 한바탕 웃어 보자.

세상이 내 발 아래 있을 것이다.

68. 골 세레머니

아 하~

축구경기에서 골을 넣는 기쁨의 순간 마다 나오는 골 세레머니는 우리를 즐겁게 한다. 2002년 월드컵 당시 최고 인기였던 히딩크 감독의 어퍼컷 골 세레머니는 전 국민을 통쾌하게 만들었다.

미국과의 경기 때 나온 쇼트트랙경기 장면을 떠올리는 골 세레머니나 조용히 하라고 코에 손가락을 가져다 대고 쉿- 하는 장면, 기도하는 장면, 보채는 아기 달래는 장면, 반지에 키스를 하는 장면 등… 선수들은 더 큰 재미를 선사하려고 기쁨의 표현인 골 세레머니를 연구하기도 한다.

퍼포먼스

몇가지 골 세레머니를 함께 나눈 뒤, 나온 골 세레머니들을 따라서 해본다. 그리고 웃음친구와 가상의 골을 넣는 장면을 연출한다. 그 후 웃음친구와 동시에 골을 넣은 기쁨을 표현하는 골 세레머니를 웃음 공간 안에서 마음껏 표현하도록 한다. 개인적으로 해도 되고, 둘이 함께 표현해도 좋다. 기쁨의 순간을 마음껏 표현해보자.

69. 핸드폰 웃음

아 하~

웃는 것이 좋다고 하는 이야기가 많지만, 생활 속에서 언제나 웃기는 쉽지 않다. 우리는 아침에 학교에 가거나 회사에 출근하는 동안 웃는 사람을 얼마나 만날까? 거의 없다.

즐겁게 웃으며 등교하고 출근하는 사람들은 바로 친구나 동료와 함께 가는 사람들이다. 그러나 함께 할 수 없다고 혼자 히히, 하하 웃는다면 이상한 사람으로 볼 것이다. 생활 속에서 오해 안받고 혼자 웃을 수 있는 아이디어 웃음법을 소개한다.

퍼포먼스

핸드폰을 꺼내(통화하는 것처럼) 조용히 웃으며 통화를 한다. 주위 사람들은 모두 통화를 하는 것으로 알 것이다. "(웃으며) 그래? 그런 일이 있었어?" "야, 잘 됐다" "와하하- 그래, 축하해!!" 등….

주의할 점은 핸드폰 벨소리를 진동으로 하고 할 것! 열심히 웃으며 통화 중인데 벨이 울리면 입장이 난처해지니까 말이다. 하하하…

70. Don't worry! Be Happy!

아 하~

휘파람의 전주가 기분좋은 Bobby mcferrin의 "Don' t worry be happy" 가사를 보자.

Here' s a little song I wrote
여기 내가 쓴 노래가 한 곡 있어
You might want to sing it
당신은 노래 가락 하나하나
note for note
부르고 싶어 할지도 모르겠어
Don' t worry, be happy.
걱정하지마, 기쁘게 살아야지
In every life we have some trouble
하루하루 살다 보면 문제가 있기 마련이야
But when you worry
그럴 때 걱정하면
you make it double
문제가 더 커질 뿐이야

Don' t worry, be happy.

걱정하지 말고

Don' t worry, be happy now.

기쁘게 살아야지

Don' t worry, be happy.

걱정하지 말고 즐거워 해

Ain' t got no place to lay your head

머리를 기댈 곳이 아무데도 없고

Somebody came and took your bed

누군가가 잠자리를 앗아간다고 해도

Don' t worry, be happy.

걱정하지마, 기쁘게 살아야지

The landlord say your rent is late

월세가 밀렸다고 집주인이 안달을 해도

He may have to litigate

소송을 걸지 않으면 아무 소용없어

Don' t worry, be happy.

그러니 걱정하지 말고 기쁘게 살라구

Look at me. I' m happy.

날 봐, 난 행복하잖아

Don' t worry, be happy.

근심을 털어 버리고 즐거워 해

Here I give you my phone number.

내 전화 번호 알려 줄테니까

When you worry, call me,

고민 있으면 전화 하라구

I make you happy.

널 행복하게 해줄께

Don' t worry, be happy

걱정하지 말고 즐겁게 살아

Ain' t got no cash,

돈도 없고,

ain' t got no style

스타일도 구겨지고

Ain' t got no gal to make you smile

널 즐겁게 해줄 여자 친구가 없어도

Don' t worry, be happy.

걱정하지 말고 좋게 생각해

'Cause when you worry

근심이 있으면

your face will frown

얼굴을 찌푸리게 되잖아

And that will bring everybody down

그러면 사람들도 같이 실망할거야

Don' t worry, be happy.
걱정하지 말고, 즐거워해
Don' t worry, don' t worry,
근심은 떨쳐버려
don' t do it.
그러지 말라니까
Be happy.
즐겁게 살아야지
Put a smile on your face
얼굴에 미소를 띠어봐
Don' t bring everybody down.
사람들을 실망시키지 마
Don' t worry.
걱정하지 마
It will soon pass, whatever it is.
그게 뭐든지 간에, 곧 해결 될거야
Don' t worry, be happy.
걱정하지 말고 즐겁게 살아
I' m not worried, I' m happy
난 걱정 같은 건 안 해, 난 행복하잖아

퍼포먼스

노래를 들어보고, 휘파람 전주를 따라 불러본다.

엄지와 중지로 손가락을 부딪혀 '딱!' 소리를 내며, 계속 반복되어 나오는 Don't worry, be happy를 따라 부른다. 자신에게 말하기도 하고, 웃음친구와 동료들에게도 Don't worry, be happy를 말한다.

누군가에게 위로와 격려가 필요할 때 마다 들려주자. Don't worry, be happy라고!!

Don't worry, be happy

71. 태권웃음

아 하~

태권도 동작을 응용한 웃음이다. 찌르기 동작을 따라 해보자. 멋진 웃음 기합과 함께!

퍼포먼스

태권웃음 준비! 하면 하! 하는 웃음 기합과 함께 두 주먹을 허리에 댄다.
오른손 앞 찌르기 후 돌아오며 허이!
양손 앞 찌르기 후 돌아오며 허이!
왼손 앞 찌르기 후 돌아오며 허이!
오른 손 위 찌르기 후 돌아오며 허이!
양손 위 찌르기 후 돌아오며 허이!
왼손 위 찌르기 후 돌아오며 허이!
연속적으로 진행한다.

웃퍼리더의 시범으로 동작을 배우고, 단체로 진행한 뒤 대표를 선출하여 태권웃음을 나눠보자. 웃음 대표를 따라 태권웃음을 나눌 때 실수가 오히려 모두를 유쾌하게 만든다.

72. 웃음을 주는 계단 박수

아 하~

순서대로 치는 계단박수를 배워보자. 박수와 웃음은 건강을 만드는 최고의 콤비다.

퍼포먼스

주어진 여덟 글자를 외치며 박수를 친다. 아래 표에 * 표시한 것처럼 박수를 쳐보자.

나는 항상 행복하다. / 너는 항상 웃는구나

나*는*항*상*행*복*하*다*

나는**항상**행복**하다**

나는항상****행복하다****

나는항상행복하다********

너*는*항*상*웃*는*구*나*

너는**항상**웃는**구나**

너는항상****웃는구나****

너는항상웃는구나********

웃음 퍼주기

혼자 박수를 치며 진행해도 좋고, 웃음친구와 서로 손뼉을 마주 치면서 진행해도 즐겁다.

73. 하하 호호 반대로!!

아 하~

리더의 웃음을 따라하기도 하고 반대로도 하면서 입으로 웃음소리를 내지만 곧이어 내 안에서 나오는 자연스러운 웃음으로 발전한다.

퍼포먼스

웃퍼리더가 웃음소리를 내는 대로 똑같이 따라 웃는다.

예)

웃퍼리더 : 하하하

웃음동료 : 하하하

웃퍼리더 : 호하하하

웃음동료 : 호하하하

웃퍼리더 : 호하호하

웃음동료 : 호하호하

빠르게 큰소리로 따라 웃는다.

서너번 똑같이 따라하기가 진행되었다면 반대로 따라 하기를 진행한다.

하하하 하면 호호호, 호하호하 하면 하호하호로 따라한다.

웃퍼리더는 쉽게 따라 할 수 있도록 웃기도 하고, 웃음소리가 '하호하하호호하호하호호하'…. 이런식으로 너무도 어려워 따라할 엄두가 안나 자연스럽게 웃을 수 있는 분위기도 만들 수 있다.

웃음 퍼주기

따라하는 것만으로도 충분한 재미를 준다.

웃음퍼포먼스 리듬을 타면서 하하하 하면 바로 하하하, 우히헤헤 하면 바로 이어서 우히헤헤 하고 따라 웃기도 하고, 동작도 코믹하게 진행하면 더욱 재미있게 웃을 수 있다.

74. 어깨춤 "칭찬은 고래도 춤추게 한데요"

아 하~

기분이 좋으면 몸이 가만히 있지 않고, 덩실 덩실 어깨춤이 나온다. 칭찬은 기분을 좋게 만든다. 심지어 그 효과는 고래에게도 마찬가지다.

가장 최근에 칭찬을 받은 적이 언제인가? 나는 가장 최근에 누구를 칭찬해 주었는가? 누군가를 칭찬해준 기억이 나질 않는다면 지금 바로 일어나라. 가장 가까운 사람에게 달려가(아니면 전화라도) 웃음퍼포먼스의 마지막 어깨춤을 나눠라.

퍼포먼스

칭찬을 들으면 어깨춤을 추는 것으로 정한다. 그냥 얼쑤~ 하면서 추는 것이 아니라 자신도 모르게 칭찬을 들으니 몸이 반응한다는 식으로 어깨를 한 번 들썩이며 "어? 왜 이래?" 또 한 번 어깨를 들썩 들썩이며 "내 몸이 왜 이래? 어? 어? 이게, 이게 어깨춤인가 보네!!!"

서로 칭찬을 나누며 어깨춤을 덩실 덩실 춘다.

네버엔딩 퍼포먼스

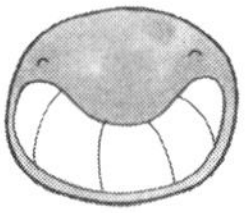

Never-ending Performance

우리는 일흔 네 개의 웃음퍼포먼스를 만나보았다. 이 외에도 수없이 많은 웃음퍼포먼스가 있다. 나머지는 당신의 몫이다.

생활 속에서 웃음거리를 찾아라. 단, 웃음퍼포먼스는 웃음을 유발하는 도구일 뿐이라는 것을 잊지 말기 바란다. "왜 제대로 안 해! 여기서 이렇게 이렇게 하는 거잖아!" 라고 웃음친구를 나무라지 마라.

자연스럽게 웃음이 나오면 그 웃음을 즐겨라! 제대로 가르쳐 준대로 딱딱 맞춰서 해야 한다는 생각은 버려라!

형식을 깨는 웃음퍼포먼스를 진행할 때 더 큰 웃음과 새로운 아이디어가 끊임없이 쏟아져 나올 것이다.

웃음이 묻어나는 삶의 지혜

새롭게 보기

집에서 버스 정류장까지 가려면 지나가야 하는 길이 있는데 계단을 내려가야한다. 늘 그 길로만 다녔다. 버스를 타는 가장 빠른 길이기 때문이다.

그런데 어느 날 내 앞으로 앞서 가던 아주머니가 계단 앞에서 내려가지 않고 왼쪽 옆 조그만 길로 빠져나가는 것이다. 다른 곳에 가려나 보다 생각하고 나는 계단을 내려가는데 그 아주머니가 다시 저 앞에서 등장을 하셨다.

이럴수가 저 쪽에 빠른 길이 있었다니 올해로 4년 반을 사는 동안 그 앞을 수도 없이 다녔는데 더 빠르고 평길인 그 길을 몰랐다니 그 순간 너무도 익숙하고, 당연한 것으로 인해 다른 길을 보지 못하였다는 생각이 들었다. 늘 다니던 길도 새롭게 보기가 필요하였던 것이다.

길뿐만이 아니다. 사람도 그렇다. '저 사람은 원래 그런 사람이야!' 라고 단정짓기 보다는 그 사람을 새롭게 보기를 해 보자. 무언가 새로운 것을 찾을 수 있지 않을까? 새로운 것을 발견하는 기쁨을 누릴 수 있지 않을까?

속담도 새롭게 보기가 필요하다. "속담 새롭게 보기" 라는 제목으로 사람들과 나눔을 여러 차례 가진 적이 있다.

뱁새가 황새 따라 가면 가랑이 찢어진다.

내 수준에 맞지 않는 사람들과 어울리려 한다면 큰 일(?) 당한다는 식으로 많이 쓰는 속담인데 세계적인 머니트레이너 혼다켄은 그의 책에서 가난한 사람은 부자에게 점심을 사라고 하였다. 그리고 동기부여 전문가 브라이언 트레이시도 독수리가 되고 싶으면 독수리와 함께 어울리라고 하였다.

나는 이 속담을 이렇게 바꿔 부른다. 뱁새가 황새를 따라 갈 수 없겠지만, 그래도 황새를 따라가려 노력한다면 다른 뱁새들보다는 빨리 갈 것이다.

뱁새들이여! 황새 따라 가라. 다른 뱁새들보다 빨리 가게 될 것이다.

밤에 휘파람 불면 뱀 나온다.

어렸을 때 많이 듣던 말이다. 왜 부모님들은 이런 말씀을 하셨을까?

나는 사람들에게 '밤에 휘파람을 불라' 고 가르칠 것이다. 휘파람을 불 때 기분이 우울하거나 나쁜 사람은 없다. 휘파람은 우리가 기분이 좋을 때 나오는 것이다. 기분 좋은 표시는 낮과 밤을 구별할 필요가 없다.

낮말은 새가 듣고, 밤 말은 쥐가 듣는다.

이 말도 부정적으로 쓰이는 데 워낙 긍정적인 것을 좋아하는 내가 이 말을 가만히 놔 둘리 없다.

언제 어떤 말을 하든 누군가 듣고 전해진다는 내용을 가진 이 말은 말을 조심하라는 뜻을 가지고 있는데 칭찬의 말은 제 3자를 통해 들었을 때 더 기분이 좋고, 칭찬의 말을 해준 사람에게 더 좋은 감정이 일어난다.

낮에는 새가 밤에는 쥐가 듣고 있으니 어디서든 누군가의 칭찬의 말을 하라. 그에게 새와 쥐가 전달해줄 것이다.

털어서 먼지 안 나는 사람 없다.

속담 새롭게 보기는 참 재미있다. '털어서 먼지 안 나는 사람 없다.' 누구나 조사해보면 틀림없이 무언가 나온다.

칭찬할게 있어야 칭찬하죠. 칭찬은 발굴의 미학이다. 그 사람에게도 찾으면 털어 먼지 안 나는 사람 없듯이 칭찬 거리가 툭툭 나올 것이다.

기대하는 삶은 우리를 설레임으로 웃게 만든다.

"나는 지금 행복한가?" 이 질문에 대한 답을 알려면 간단한 방법이 있다.

저녁에 잠들기 전에 '빨리 내일이 왔으면 좋겠다' 라는 생각을 한다면, 아침에 눈을 떴을 때 '빨리 일하러 나가고 싶다'는 생각이 든다면? 당신은 지금 행복한 삶을 살고 있는 것이다.

행복한 삶을 원한다면 행복한 삶을 기대하라.

"오늘 나에게는 좋은 일만 생길게 틀림없다"
"오늘 나에게는 웃을 일만 생길게 틀림없다"

설령, 하루를 사는 동안 아무런 좋은 일이 없었다하더라도 순수한 생각으로 '이게 나에게 올 좋은 일인가? 이건가? 요건가?' 하며 설레였던 순간들이 있어 기분 좋은 하루였을 것이다.

속담 중에 '호랑이도 제 말하면 온다' 라는 말이 있는데 이 말은 적중률이 대단하다고 생각한다. "야- 호랑이도 제 말하면 온다더니… 방금 니 얘기 하고 있었는데…" 라고 말하던 때가 참 많았다.

"오늘 나에게는 좋은 일만 생길게 틀림없다"
"오늘 나에게는 웃을 일만 생길게 틀림없다"

좋은 일, 웃을 일도 호랑이 같아서 계속 말을 하면 자기 얘기하는 줄 알고 우리에게 그 모습을 드러낼 것이다. 늘 좋은 것만 기대하라.

웃음은 말이다.

잘 알려지지 않은 성공의 비결이 있다. 그 방법이 너무도 쉬워 사람들은 잘 사용하지 않는다.

바로 "말한 대로 된다" 이다.

언어는 3가지 힘이 있다. 바로 각인력, 견인력, 창조력이다. 내가 늘 생각하고, 외치는 말은 나의 잠재의식에 각인이 되고, 우리 삶을 우리가 말한 방향대로 끌고 간다.

주먹만큼이나 입심도 뛰어난 무하마드 알리를 사람들은 '떠벌이 알리' 라고 불렀다.

그는 늘 "나는 세상에서 가장 힘이 센 사람이다" 라고 외치고 다녔다고 한다. 그러나 재밌는 것은 그가 정말로 세상에서 가장 힘이 센 사람이 되었다는 것이다.

자신이 말한 것이 잠재의식에 각인되고 나니 그의 삶이 세계 최고의 권투선수로 견인된 것이다. 그리고 말에는 창조력이 있어서 사람이 말한대로 살아지도록 창의적인 생각과 행동들을 우리 삶에 던져준다.

웃음을 주는 단어들

듣기만 해도 기분이 좋아지고, 미소가 나오는 단어들이 있다(천천히 읽어보자.).

정월 대보름, 달, 오곡밥, 화롯불, 수선화, 까치밥, 프리지아 향기, 동치미 국물, 초콜릿, 커플링, 졸업, 정다운 벗, 기념사진, 꽃다발, 추억, 신김치, 메밀묵, 따뜻한 이불속, 오후 햇볕, 입춘, 기다림, 설레임, 제비꽃, 쑥떡, 민들레, 나들이, 향긋한 봄나물, 돌돌돌 시냇물, 봄의 왈츠, 달래, 새내기, 동아리, 따스한 햇살, 씨앗, 농부, 밭일, 기분 전환, 생명, 아침 산책, 찬란함, 사탕 한 바구니, 생기, 웃음, 새싹, 봄바람, 봄처녀, 나무심기, 야생화, 울긋불긋 꽃대궐, 걷기 명상, 소풍, 봄바다, 섬진강, 개구리, 나비, 벌, 늙은 농부의 달력, 둥굴레, 씀바귀, 시골, 오일장, 풍선, 봄비, 곡우, 여린 잎, 미팅, 캠퍼스, 산책, 만우절, 스마일, 앵두, 살구 산딸기, 화개 십리, 벚꽃길, 생명 , 사랑, 진리, 정의, 진실, 성실, 정직, 정성, 양심, 원칙, 지혜, 인내, 영원, 찬양, 감사, 감동, 질서, 의지, 순수, 평범, 소박, 순결, 기쁨, 추억, 이상, 만족, 평화, 눈물, 은혜, 용서, 관심, 친절, 격려, 미소, 건강, 온유, 겸손, 평등, 용기, 책임, 소망 , 안정 ,희생, 아침, 맑음, 길, 선, 아름다움, 정겨움, 자신감, 가족, 담대함, 정겨움, 삶 그리고 당신의 이름 OOO!

읽기만 해도 기분이 좋아지고, 마구 착해지는 느낌이 드는 단어들이다. 흐뭇한 미소를 짓게 하는 단어들이다.

웃음을 주는 말들

아래 내용은 '약이 되는 말' 이라는 책에 목차로 나오는 말들이다. 이런 말들은 할 때나 들을 때 모두 기분이 좋다. 이런 말들을 많이 나누도록 하자.

웃음 주는 약이 되는 말

하늘의 별을 바라보세요.
감사합니다.
좋아 보이네요.
보고 싶었습니다.
인상이 좋으시군요.
소식 기다렸어요
언제 뵈어도 한결같으시군요.
목소리만 들어도 누군지 알겠어요.
수고하셨어요.
역시 당신이 최고예요.
잘 참으셨어요.
손이 참 예쁘시군요.
그 옷 잘 어울리네요.

잘 되시지요?

분위기가 좋군요.

넥타이가 잘 어울려요.

건강해 보이시네요.

이 정도면 넉넉합니다.

사랑합니다.

참 아름답지요.

말씀 감사합니다.

저 분 참 좋은 분이에요.

그래도 전 믿을 수 있어요.

넌 참 좋은 아이야.

생각 날 거예요.

사진보다 실물이 더 예쁘시군요.

운전 참 잘하시네요.

참 잘 꾸미셨군요.

참 좋은 생각이에요.

이 집에 오면 맘이 참 편해요.

걸음걸이가 참 예쁘군요.

좋은 시간 가졌습니다.

하나님 은혜지요.

덕분에 잘 지냅니다.

주신 선물 잘 쓰고 있습니다.

저 친구 역시 믿을 만 해.

제 잘못입니다.

제가 하겠습니다.

최선을 다하겠습니다.

잊지 않겠습니다.

그렇게 하겠습니다.

그 생각이 더 옳은 것 같습니다.

그 용기 대단하군요.

기도하겠습니다.

실망하지 않습니다.

끝까지 해보겠습니다.

저분은 가슴이 따뜻한 분이에요.

저분은 믿을 수 있는 분이에요.

저분 참 대단한 분이에요.

제가 양보하겠습니다.

저는 젊은데요 뭘.

고생이라니 뭘요. 더 어려운 분들도 많은데요.

좋은 날이 오겠지요.

내가 물려줄 가장 큰 유산은 신앙이란다.

당신의 도움이 없었다면 성공하지 못했을거에요.

그래 네 말이 맞아.

와, 대단하군요.

잘 결정하셨어요.

역시 생각이 깊으시군요.

마땅히 제가 해야 할 일인데요. 뭘

글씨가 예쁘군요.

가르쳐 주셔서 감사합니다.

내가 당신 못 만났으면 어떻게 됐을까?

늘 감사하며 삽니다.

아름다운 추억을 안고 삽니다.

웃으며 삽시다.

제 고향은 참 좋은 곳이에요.

곧 나으실 것 같아요.

훌륭한 부모님 밑에서 자랐습니다.

언제나 웃음을 잃지 않으시는 군요

베풀어주신 호의를 잊지 않고 있습니다.

다 하나님께서 주신 것이죠.

그 말씀 늘 마음에 새기고 있습니다.

제게 주신 은혜에 만족합니다.

언제나 새로워 보이시네요.

언제나 솔선수범하시는 것을 보면 은혜가 됩니다.

용서하세요.

저 때문에 고생 많으셨지요?

결심이 대단하시군요.

이 경기는 너 때문에 이긴 것 같아.

나는 네가 자랑스럽단다.

너는 우리에게 귀중한 존재야.

네 노래 소리는 언제나 아름답구나

이 음식점은 언제나 최고예요.

고생하신 보람이 있으시겠어요.

나는 너를 생각하면 기분이 좋단다.

그 머리 어디서 했어요? 참 좋군요.

이발 하셨군요. 젊어 보이네요.

참 부지런하시네요.

집이 먼데 일찍 오셨네요.

그 의견에 동감입니다.

힘내세요.

써보니 참 좋군요.

기억하겠습니다.

소개해 주셔서 감사합니다.

저는 당신의 도움이 필요합니다.

눈썰미가 있으시군요.

두 분 참 어울리는 부부시군요.

자제분이 참 믿음직스럽습니다.

우리에겐 내일이 있습니다.

분위기에 잘 맞는 옷을 입으셨군요.

걱정하지 마세요. 해 낼 수 있어요.

선물이 마음에 꼭 들어요.

제 마음을 어떻게 그리 아셨어요?

좋은 계절에 태어나셨군요.

감각이 뛰어나시네요.

좋은 취미를 갖고 계시네요.

꼭 재기하시리라 믿습니다.

용기를 잃지 마세요.

기회는 또 있으니 상심마세요.

그럴수록 더 힘을 내셔야지요.

내일이 있잖아요.

꼭 그날이 올거에요.

저 별을 보세요 우리를 보고 웃고 있잖아요.

참 겸소하시네요.

비가 참 시원하게 쏟아지네요.

좋은 계획 세우셨어요?

새 구두 신고 오셨네요.

좋은 일 있으신가 봐요.

기도하면 되잖아요.

한 번 더 도전해 보세요.

하나님께서 도와주실 거에요.

당신과 마주 앉으면 편안해요.

몰라보게 날씬해 지셨군요.

새 소리가 아름답군요.

생각이 깊으시군요.

항상 사진이 예쁘게 나오시네요.

언제 이렇게 준비하셨어요?

아이디어 뱅크시군요.

늘 자신감에 넘치신 모습을 보며 힘을 얻습니다.

당신 차에 타면 마음이 편안해요.

너를 친구로 사귀게 된 것이 자랑스럽다.

참 고마우신 분이야

저녁노을이 참 아름답군요.

꼭 맞춤 같군요.

한복이 잘 어울리네요.

최고의 날이었습니다.

기대하세요.

최후의 승자가 되세요.

내년이 기대됩니다.

웃음을 짓게 만드는 대답을 하라.

"세상에서 가장 힘든 공사는 고객의 얼굴에 '웃음'을 짓는 일입니다." - 우림건설 심영섭 대표

맛없지? 응!

안 이쁘지? 어!

재미없지? 그래!

힘들지? 그렇다니까!

위의 대화를 어떻게 생각하는가? 우리는 어렸을 때부터 부정적으로 이야기하는 것을 습관화한다.

엄마! 나가서 놀면 안돼요?

이거 먹으면 안돼요?

이거 보면 안돼요?

이거 가지면 안돼요?

안돼요? 안돼요? 안돼요?…..

자녀가 "안돼요?" 보다는 "해도 되나요?" "먹어도 돼나요?" "봐도 돼나요?"와 같이 긍정적으로 말하는 습관을 갖도록 가르치는 것이 좋다.

사람들은 질문이 긍정적이든 부정적이든 한결 같이 긍정적인 답변을 듣기 원한다.

아내는 외출할 때 나에게 '이 옷 안 어울리지? 머리 안 예쁘지? 화장이 잘 안 되었지? 라고 묻곤 한다. 그럼 나는 '어! 안 어울려! 안 예뻐! 화장이 잘 안 되었네' 라고 말하지 않는다. 당연히 예쁘기 때문이며, 사람들은 누구나 좋다는 말, 긍정적인 말을 듣기 원하기 때문이다(정말 이상하다면 말을 해야겠죠?!).

그들이 듣고자 하는 이야기로 웃음 짓게 만드는 대답을 들려주라.

또 하나…

식탁에서 저녁식사를 하며 "정말 맛있다." 라고 말하자 아내의 대답은 "그냥 있는 거 가지고 차린건데 뭐가 맛있어" 였다.

직장 동료의 어머님이 병원에 입원하셨을 때 매일 아침 아버님이 새벽같이 병원에 어머님을 보시러 가셨을 때 마다 반가우신데도 '왜 아침마다 귀찮게 오냐' 고 말씀하셨단다.

빼빼로를 선물하는 11월 11일 저녁에 여기 저기서 받은 과자를 아버님께 드리며, "아버님! 좀 이따가 어머님 들어오시면 이거 드리세요. 오늘은 빼빼로를 선물하는 날이예요" 라고 말씀드리고, 아버님이 정말 드릴까 생각하며 어머님 오시기를 기다렸다.

어머님이 들어오시고, 잠시 시간이 지난 뒤 아버님께서 "자-" 하시며 빼빼로를 내미셨다.

그러자 어머님께서는 "와- 당신이 이런 것을 다 챙겨주시고, 정말 고마워요"라고 하셨으면 얼마나 좋았을까. 과자를 보시자마자 "애들이 사왔구만" 이라고 하셨으니…

사람들은 왜 자신의 솔직한 감정과 다르게 이야기를 하는 것일까? 가끔씩은 솔직한 마음을 이야기해보자.

"당신이 맛있게 드셔주시니 고마워요"
"당신이 이렇게 아침마다 저를 보러 와주시니 힘이 나요"
"와- 당신에게 이런 면도 있었어요? 감동이에요."

닭살 돋는 대사도 가끔씩 날려주어야 인생이 웃는다.

보고, 보이고(시각화 & 가시화)를 활용하라.

컴퓨터 화면을 볼 때 당신의 표정은 어떤가? 내 주위에는 잘 웃는 사람들이 많지만 컴퓨터 작업을 할 때만큼은 웃는 얼굴을 보기가 어렵다.

당신의 바탕화면은 어떤 그림과 아이콘들이 있는가?

바탕화면은 처음 컴퓨터를 샀을 때 그대로이고, 아이콘들은 따로 어디다 저장해야할 지 몰라 모두 바탕화면에 수두룩하게 나와 있지는 않은가?

바탕화면에 아이콘을 긍정문으로 바꾸라. 폴더의 이름을 나를 이끄는 단어나 문장으로 바꾸라.

예) 내 컴퓨터- 나는 내가 좋다.
내 문서- 나는 최고다
한글- 푸하하하하

핸드폰도 마찬가지다. 핸드폰을 열면 칼라풀하게 나오는 액정화면에 자신의 목표 사진을 설정해놓고, 목표를 떠오르게 하는 짧은 글을 적어보자. 하루에 수도 없이 여닫게 되는 액정화면을 볼 때 마다 목표를 상기하게 될 것이다.

학교나 회사에 급훈과 사훈이 걸려있듯이 재미나고 긍정적인 내용들로 눈에 띄게 만들어보자.

예) 재미난 급훈들: CCTV 작동 중, 포기란 배추를 셀 때나 하는 말이다. 나도 쓸모가 있을걸, 대학가서 미팅할래? 공장가서 미싱할래?, 네 성적에 잠이 오냐?, 꿈★은 이뤄진다

수험생이 책상 앞에 다양한 글귀를 붙여놓고 스스로 자신을 다지듯이 긍정적인 영향을 주는 그림, 글 등을 눈에 많이 뜨이도록 만들자.

당신의 생각은 보는 것들로 인해 큰 영향을 받는다는 사실을 기억하자.

생활 속 칭찬 아이디어

"따르르르릉~"

전화벨이 울리면 누군지 발신자를 확인하고 전화를 받는다.

"여보세요?"

누군지 뻔히 아는데 습관에 의해 "여보세요?"를 먼저 하고 이야기를 시작한다.

전화 받을 때 발신자를 보고 아는 사람이면 '오- 통화를 하고 나면 항상 좋은 일이 생기는 김주현 선생님!'

'항상 웃으시는 김은진 팀장님'

'우리 회사에 최고의 미녀 이혜영 대리님'

'보고 싶고 보고 싶은 어머니'

'존경하는 아버지',

'안 나가서 그렇지 나갔다하면 미스코리아 진! 나의 사랑하는 여동생아'

웃으면서 통화가 시작될 것이다.

전화를 걸 때도 마찬가지다.

'빰빠밤~~ 축하합니다. 당첨되셨습니다. 주말에 꼭 통화하고 싶은 사람 1위에 뽑히셨습니다.'

'항상 유쾌 상쾌 통쾌하신 김동욱 과장님이십니까?

'우리 회사의 비밀병기 양차장님!'

'이 시대에 우먼 파워, 강석희 여사님이십니까?' 등 전화를 받는 사람의 상황을 고려하여 긍정적인 인사를 던지며 통화를 시작해보자.

통화가 즐거울 것이다.

이메일을 쓸 때도 보내는 사람 주소를 쓸 때 칭찬을 넣어서 쓸 수 있다. 받는 사람 주소 〈peace0122@empal.com〉 앞에 "신나는 행동유형분석 플레이 디스크 전문가 김주현 님 〈peace0122@empal.com〉 이라고 써서 보낼 수 있다.

예) 생각만 해도 기분 좋은 웃기다 선생님〈hoho@han…@co.kr〉

문자는 문자서비스를 실시하는 사이트마다 예시로 볼 수 있는 좋은 글들이 많이 있다.

그것들을 잘 활용하면서도 오로지 베끼기로 보냈다라는 느낌이 안 들도록 보내는 것이 중요하다.

예) 내가 보낸 30원짜리 문자 한 통이 당신을 웃게 하였으면 좋겠습니다.
딩동- 임애연님에게 상쾌한 기분이 배달되었습니다.
지금 시간을 알려드리겠습니다. 지금 시간은 하늘을 보고 푸하하 크게 웃을 시간입니다.

이런 일도 있다.

이문동 큰엄마 이야기다. 어렸을 때부터 큰엄마 댁에 인사드리러 갈 때 부모님들은 이문동 큰엄마 댁에 가자고 하셨다. 전화가 올 때도 걸 때도 이문동 큰엄마라고 하셨다.

재미있는 일은 얼마 전까지 지금 사시고 계신 곳이 이문동인 줄로만 알았다.

옆 동네로 이사를 가셨는데도 어릴 적부터 불러오던 것이 습관이 되어 사실마저 제대로 보지 못하게 만든 것이다. 그래서 가족들에게 이렇게 제안했다.

잘 웃는 큰 엄마, 잘생긴 삼촌, 행복한 이모, 사랑하는 할머니 등으로 부르도록 제안한 것만으로도 많이 웃었고, 모두가 공감했다.

당신은 어떤가? 호칭 앞에 즐거운 말을 붙여서 재미있고, 의미있게 만들어 보는 게 좋지 않을까? 정말 좋은 아이디어다.

내가 그의 이름을 불러주기 전에는
그는 다만 하나의 몸짓에 지나지 않았다
내가 그의 이름을 불러 주었을 때
그는 나에게로 와서 꽃이 되었다

내가 그의 이름을 불러 준 것처럼
나의 이 빛깔과 향기에 알맞는

누가 나의 이름을 불러다오

그에게로 가서 나도 그의 꽃이 되고 싶다

(중략)

- 김춘수의 「꽃」 중에서 -

당신의 웃음 사명!

목표는 자석과 같아서 이것을 가지면 성공을 향해 저절로 달려간다. 인생 사명서를 가지라는 이야기를 많은 사람들이 한다. 그러나 실제로 가진 사람이 별로 없다.

글로 쓴 목표와 그것을 이루기 위한 구체적인 방법을 가지고 있는 사람이 상위 3% 안에 들 수 있다. 당신은 3% 안에 드는 인생 사명서를 가진 사람인가? 그렇다면 그 사명서에 웃음사명을 하나 더 추가할 것을 권한다.

SK 텔레콤 캠페인 「사람을 향합니다」 편에서 "누가 웃게 합니까?" 라는 질문이 있다.

누가 웃게 합니까? 두려움 속의 당신을

누가 웃게 합니까? 절망에 빠진 당신을

누가 웃게 합니까? 슬픔에 잠긴 당신을

누가 웃게 합니까? 위험에 놓인 당신을

Let it Be가 배경음악으로 깔리고 나오는 광고 "누가 웃게 합니까?"는 여러 생각을 하게 하고 미소짓게 만든다.

당신을 웃게 하는 사람은 누구인가?
그리고 당신이 함께 웃고 싶은 사람은 누구인가?
다른 사람을 행복하게 만드는 것은 최고로 축복된 일이다.

마지막으로 하고 싶은 말

성공은 자주 그리고 많이 웃는 것이다.

우리는 역할모델을 찾아야 한다. 정말 잘 웃는 사람을 찾아 그 사람과 어울려라.

가장 잘 웃는 사람은 누구일까? 너무 유명한 사람이거나 직위가 높은 사람이라면 만나기가 쉽지 않을 것이다. 우리 주위에서 가장 잘 웃는 사람은 누구일까? 바로 어린아이들이다.

나는 이들을 웃음의 고수라고 칭한다. 바로, 자주 그리고 많이 웃기 때문이다.

웃음의 고수들에게서 웃음을 배워야한다.

그리고 가장 잘 웃는 집단은 방청객들이다(정말 잘 웃는다. 반대로 가장 잘 안 웃는 집단은 예비군).

웃음은 전염된다. 내가 먼저 웃자.

1962년 동아프리카 탄자니아에서 이상한 사건이 발생했다. 기숙학교에 다니던 12-18살의 여학생들이 전염병에 걸린 것이다. 아프리카에서 전염병 발병은 그다지 새로울 것도 없지만 이번엔 달랐다.

이 병의 증세는 '웃음을 참을 수 없다는'는 것. 한 번 터지기 시작한 웃음은 짧게는 몇 분에서 길게는 몇 시간 동안 그칠 줄 몰랐고, 아무리 애를 써도 이 웃음을 막을 순 없었다.

더욱 황당무계한 것은 이 '병적 웃음(pathological laughter)'이 옆 사람들에게까지 전염된다는 사실이었다. 그 해 1월 30일 3명의 여학생에게서 처음 시작된 이 병은 순식간에 98명의 여학생들을 걷잡을 수 없는 웃음바다로 몰아넣었고, 증세는 더욱 심해져 두 달 반 만에 학교문을 닫아야만 하는 사태에 이르게 됐다.

집으로 돌아간 학생들은 본의 아니게 자신들이 사는 마을에 이 전염병을 퍼뜨리는 역할을 하게 됐고, 중앙아프리카에 있는 학교의 학생들까지 이 병에 걸리게 되어 그 후 2년반 동안 무려 1,000여 명의 사람들이 '웃음을 참지 못하는 병'을 앓게 됐다고 했다. 증세는 무려 6개월 동안 지속되는 경우도 있었다.

이 믿을 수 없는 사건의 원인은 과연 무엇이었을까? 물론 아직 밝혀진 바는 없다. 그러나 신경과학자들은 이 사건이 '웃음도 전염된다'는 우리의 일상적인 경험과 어떤 관련이 있을 것으로 보고 있다. 우리는 일상적인 대화에서 종종 다른 사람이 웃으면 나도 따라 웃게 되는 것을 경험한다.

-정재승의 과학콘서트 '토크쇼의 방청객들은 왜 모두 여자일까?' 중에서

누군가 하품을 하면 하품이 따라 나온다. 강의 때 하~품! 이라는 말을 의도적으로 사용해보았더니 여기저기서 하품을 하는 사람들이 나왔다. 이와 같이 웃음도 그렇다. 내가 먼저 웃으면 상대방에게 웃음을 전염시킬 수 있다.

영화 "피아노 치는 대통령"에서 최지우의 대사가 인상깊다. '웃음이 X 참는 것 보다 어렵다' 고 했다. 당신이 먼저 웃으면 웃음을 전염시킬 수 있다.

웃음은 최고의 태도다.

가수들은 자신의 노래를 수백 번 불러도 누가 뭐라하지 않는다. 그러나 유머나 퀴즈는 한 번 하고 나면 사람들이 바로 이야기 한다. '저거 나 아는 건데…'

아는 것은 흥미가 없다는 식으로 말을 한다.

회사 임직원 자녀, 청소년 리더십 캠프 등을 진행하며 청소년들을 만날 때도 한 번이라도 해봤던 게임이면 '이거 나 알

아!' 하며 아는 거 한다고 재미없다는 느낌을 전달하는 말을 한다.

그러나 TV에서 오락프로그램을 볼 때를 생각해보자.

매주 같은 게임을 하고 또 하고, 개편될 때까지 해도 사람들은 매주 TV 앞에 앉아 즐거워하며 시청한다.

이유는 뭘까? 바로 참가자의 태도 때문이라 생각한다.

연예인들이 같은 게임도 어떤 태도로 참여하느냐에 따라 재미있고, 재미없어 지는 것이지, 같은 게임을 하면 언제나 재미없는 것이 아니다.

TV 오락 프로에 참여하는 연예인들과 같은 태도로 인생을 산다면 어떤 것이 재미없을까?

그들은 재미를 스스로 만들어가는 태도를 취한다.

바로 웃음은 최고의 태도다. 매사에 웃음으로 모든 것을 대하자. 이렇게 웃고, 저렇게 웃고, 자주 웃고… 당신이 웃는 한 당신은 최고의 이미지를 가진 사람이 되고, 언제나 행복한 사람이 된다.

웃으면… (이어지는 생각들을 적어보자)

예) 복이 온다. 행복해진다. 건강해진다. 웃음이 나온다.

웃으면 뒤 따라오는 생각들이 모두 긍정적이다.

모두가 알다시피 긍정은 그 힘이 무척이나 세다.

우리를 강하게 만드는 웃음으로, 사랑하는 사람들이여! 인생의 주인공으로 살아가자.

세상은 나의 행복을 위해 존재한다.

고로 나는 큰 소리로 웃는다. 우하하하하하!!!!!!